# 自闭症谱系障碍

## 针对性干预方案设计和社交技能训练

〔美〕凯瑟琳·凯尼格 著

雷秀雅 兰岚 译

重庆大学出版社

# ·致 谢·

在本书的撰写过程中，我首先要感谢那些给我支持、帮助与教导的人。这里，我会尽我所能列出他们的名字，他们每一个人都是我的良师益友，他们是耶鲁儿童研究中心的所有教职员工：Fred Volkmar, Ami Klin, Celine Saulnier, Kasia Chawarska, Leah Booth, Kathy Tsatsanis, Jamie McPartland, Julie Wolf, Sara Sparrow, Dom Cicchetti, Rhea Paul, Pam Ventola, Larry Scahill, Andrés Martin, Karyn Bailey, Bob Schultz, Kyle Pruett, Phyllis Cohen, Denis Sukhodolsky, Tammy Babitz, Lori Klein, Liz Schoen, Moira Lewis, Monika Lau, Stephanie Maynard, Emily Hau, Wendy Marans, Stephanie Myles Orleski。

其次，感谢与我一起从事自闭症儿童工作的同事们，尤其是 Connie Kasari, Nancy Moss, Michael Powers, Jim Loomis, Rosalie Greenbaum, Lois Rosenwald, Deirdre Peterson, Jim Martin, Fred Rapczynski, Ruth Eren 和 Susan Williams White。

最后，我要特别感谢两位耐心而周到的编辑 Andrea Costella Dawson 和 Vani Kannan 给予我的支持与鼓励。

# 前　言

　　在儿童的社会性发展与互动领域，对儿童自闭症（Kanner，1943）症状的描述，作为自闭症研究的一个核心问题，一直以来都是一件较为困难之事（Carter, Davis, Klin & Volkmar, 2005）。毋庸置疑的是，对社会性损伤的程度的评估，一向都是自闭症诊断和预后的重要标准之一（Siegel Vukicevic, Elliott & Kraemer, 1989）。在过去的 10 年中，我们越来越清楚地发现，儿童早期的社会性损伤常常会导致各类学习问题，并会严重影响儿童的总体发展和适应性。

　　直到最近，人们才开始系统地研究促进自闭症谱系障碍儿童的社会性发展的干预方法，在一定程度上，这反映出我们在理解自闭症的病因时缺乏足够的研究基础。不过，现今的研究逐渐阐明了社交困难的大脑机制（Kaiser et al, 2010；Schultz et al, 2000）。另外，本中心的研究也表明，自闭症和阿斯伯格综合征患者在面对社交场景时，可能会忽略掉大部分的社会情绪线索，因为这些线索会使他们在加工社会信息时出现困难（Klin, Jones, Schultz, Volkmar & Cohen, 2002）。普通人一般只在婴儿期会出现这种困难，但是它对于自闭症谱系障碍儿童来说却是一种持续的挑战。随着自闭症谱系障碍儿童持续地忽略社会信息与环境信息，他们对于社会的理解会越来越差，社会性损伤的情况也更加复杂。因此，这一谱系的青少年也会像幼儿一样在某些方面存在社交困难，也可能出现社交孤立、被人嘲弄、焦虑及其他问题，这使他们面临着更大的挑战。

近年来，越来越多的人在干预中把社会性损伤设定为主要的对象。在这一领域，早期出现的应用行为分析方法，明确指出要重点帮助儿童建立起与成人之间的共同兴趣和共同注意（Lovaas & Smith, 1988）。同样，在一些以沟通为基础的干预程序中，研究者也会把训练儿童的社会沟通能力设定为主要目标（Tager-Flusberg, Paul & Lord, 2005）。在许多示范性的自闭症治疗计划中，研究者们都强调了正常儿童对于促进自闭症儿童社会性发展的潜在作用（国家研究委员会，2001; Strain & Schwartz, 2001），许多干预模型也把社会目标纳入到了总体治疗计划中（Rogers et al, 2006）。

在过去的十年里，随着人们更加重视对社会能力的干预，出现了各种各样的社会技能干预程序（Volkmar & Wiesner, 2009）。就这一点而言，本书非常适时地描述了大量实证方法，它们效果显著且便于学习（Reichow & Volkmar, 2010）。这些方法包括成人辅助教学法（成人包括父母 / 老师 / 治疗师）、团体干预（与成人或同龄人共同接受干预，同龄人既可以是正常儿童，也可以是具有某种发展性障碍的儿童）和同辈辅导法（这种方法特别适用于学龄前儿童）。父母、兄弟姐妹及其他家庭成员对于帮助自闭症谱系障碍的儿童在不同环境中扩展社会技能具有尤为重要的作用。

以现有研究为基础，我的同事凯瑟琳·凯尼格（Kathy Koenig）在本书中描述了几种广泛的社会干预方法和大量的实证干预策略。我们需要注意这些策略的适用范围，仔细考虑儿童个体的需要并综合使用各种方法。重要的是，促进社会性发展的干预措施和案例是针对全部自闭症谱系障碍的儿童与青少年的，并非只针对言语及智力功能处于平均水平及以上的个体。

通过本书可以学习到最佳的做法和实证策略，以帮助我们了解自闭症谱系障碍儿童的需要，另外，凯尼格也指出了父母和老师所面临的问题，以及《残疾人教育改善法》（IDEA

2004）对于教育者们的启示。本书中包含了很多实用和有效的信息，能够充分地帮助老师和专业人士考虑每个儿童的需要，为提高他们的社会能力设计出有效的干预方案。

弗雷德·福尔克马尔（Fred R. Volkmar, MD）
耶鲁儿童研究中心儿科、耶鲁大学医学院精神病学与心理学
教授欧文·哈里斯（Irving B.Harris）

CONTENTS

－目录－

第 1 章

# 自闭症谱系障碍儿童的
# 社会性发展和社会功能缺陷

我们应该如何去帮助自闭症谱系障碍儿童或青少年，使他们能够充分享受家庭和社会生活，与他人之间建立满意的关系，并获得良好的生活质量？这个问题促使或让父母、教育者、医生、科学家和其他专业人士阅读、研究和实验不同的治疗方法来帮助患儿。目前网络和媒体给人们带来大量阅读信息的同时，也给人们的选择带来不便。当家长和专业人员企图通过网络获得相关知识和指导性技能时，经常会在过量的信息面前感到费力与沮丧，因为他们似乎很难便捷地通过网络获得一种简单且能够正确引导他们的方法。尽管如此，研究者和专业医生还是经过大量的努力，在理解自闭症儿童的相关障碍以及怎样应对这些症状等方面，取得了较为可观的进展。实际上，如果我们给儿童提供一种可行的综合干预方法，他们可以在学习新的社会行为时取得很大的进步。但这并不像菜谱一样可以简单地为成功的社会化设计出详细的课程。本书的目的就是给干预者提供一种指导，指导其如何为儿童设计一套特定的干预方案。

想要促进自闭症谱系障碍儿童的社会性发展，我们需要对社会功能缺陷进行全面的理解，并正确把握正常儿童社会性发展的规律。作为专业人员，我们知道如何根据已有的关于儿童发展的知识，从认知的视角来理解和解释儿童的某种行为。举例来说，很多教育者和专业人士都很熟悉皮亚杰（Piaget）的儿童认知发展阶段论，皮亚杰的这一理论框架有助于我们去理解，为什么婴儿通过触觉、味觉、视觉来探索这个世界；为什么学龄前儿童会在黑暗的卧室里感到恐惧；为什么需要使用规则来约束小学生，当规则宽松时就可能出现问题；抽象推理如何影响青春期早期及以后阶段的行为。尽管如此，虽然已有大量研究让我们更加了解儿童的社会性发展，但我们仍然不是很熟悉社会性发展的阶段和次序。社会性发展的过程，以及它与认知因素、气质因素和社会情境的交互作用，这些方面的知识虽然不是很完整，但对于我们理解和解释自闭症谱系障碍儿童所表现出的各种功能性损伤是很关键的。

社会能力不会脱离认知、情绪和行为的发展而单独发展，它们之间存在着密切的交互作用。一些特定的能力是以常见的基本能力为基础的，如注意力或模式识别能力。当我们在制订并实施干预计划时，必须全面考虑儿童的各个方面，否则，干预计划只能是离散的碎片，从而导致儿童缺乏对新习得技能的理解和执行，也致使新技能在迁移到新的情境中时因缺乏计划性而受到限制。

本章会以心理健康专业人士和教育者的视角，对自闭症谱系障碍的定义进行阐述，以帮助读者在现实的学校和社会环境中正确理解自闭症谱系障碍。许多读者会很熟悉这些定义和描述，然而更重要的是，本章内容会帮助读者了解正常儿童社会性发展的规律，以及自闭症谱系障碍儿童在这些发展过程中的缺陷。例如，如果一个儿童在学习模仿他人时有困难，那么这一缺陷会严重影响他的社会性发展和语言发展。尽管模仿看起来是一种很简单的能力，它却需要认知能力和行为控制，而这两者也和情绪调节能力息息相关。因此，尽管自闭症谱系障碍主要是一种社会功能缺陷，但认知、情绪和行为因素也发挥着重要的作用。在这里，我们会为大家呈现典型的社会性发展的概述，并阐释自闭症谱系障碍儿童可能会出现的特定发展缺陷。最后，本章将会为读者呈现我们所关注的儿童的案例，通过这些帮助自闭症儿童成功实现社会化的案例，读者将会感受到完成这项工作的艰巨性和复杂性。

## 心理健康与教育中的定义

自闭症谱系障碍（autism spectrum disorders, ASDs），也被称作广泛性发育障碍（pervasive development disorder, PDD），由系列症状组成。其典型特征是在社会化和表达中的发展性功能损伤，以及会出现局限的重复行为（美国精神病学协会，

2000；世界健康组织，1992）。在现今的症状分类系统中，涵盖自闭症谱系障碍、阿斯伯格综合征、待分类的广泛性发育障碍（PDD-NOS）、雷特综合征（Rett's syndrome）和儿童崩解症。在本书所呈现的案例中，自闭症谱系障碍指的是 3 种最普遍的情况：自闭症、阿斯伯格综合征和待分类的广泛性发育障碍，它们的核心问题是社会功能发展问题。当然，这是最新的美国《精神障碍诊断和统计手册》第五版（DSM-Ⅴ）所作出的精确区分。实际上，比起给儿童贴上诊断标签，更重要的是了解每个儿童不同的优势和缺陷的状况。由于 DSM-Ⅴ 刚刚出台，本书中所涉及的案例，全部是根据美国《精神障碍诊断和统计手册》第四版或《国际疾病分类诊断标准》（10th ed., ICD-10, 世界健康组织，1992）为诊断标准作出的诊断结果，就此而产生的差异我们会在本书中作出阐述，也会解释 DSM-Ⅴ 所作出的调整并说明这一分类系统的使用方法。

**自闭症**

自闭症儿童在社会互动方面存在质的损伤，表现为以下几点：

·无法通过目光接触、凝视、面部表情、身体姿势和手势来进行社会互动。

·无法发展出合乎发展水平，能共享兴趣、活动和情绪的同辈关系。

·不能自发地与他人分享积极情绪、兴趣或成就。

·无法进行社交或情绪反馈，对他人情绪的反应有偏差，不能根据社会环境来调整行为。

在沟通方面存在质的损伤，其表现包括以下几点：

·在口头语言方面发育迟缓或存在缺陷，不能通过手势或其他替代性的表达来补偿口语表达。

·发起或维持对话的能力存在明显缺陷。

·刻板、重复或古怪地使用一些单词或短语。

·缺乏与其发育水平相称的多样、自发的装扮游戏或社会模仿游戏。

除了以上两方面的功能损伤，自闭症个体还会表现出局限的、重复的刻板行为模式，表现如下：

·着迷于某项兴趣爱好，这些兴趣爱好在范围或关注点上或强度上表现异常。

·强迫性地遵循一些特定的、没有意义的程序或仪式。

·有一些刻板的、重复性的行为癖好，如拍打或扭转手指或复杂的全身动作等。

·持续地只关注物体的局部或是游戏材料中无用的部分。

最后说明，自闭症儿童在 3 岁之前会开始出现在社会关系互动、社会化语言或象征性假想游戏方面的发育迟缓或功能异常（美国精神病学协会，2000；世界健康组织，1992）。

在现实中，我们经常会遇到这种情况：一个孩子，在不同的地方，或不同的医生那里会得到不同的诊断结果。这一状况会让人们对诊断结果产生不解，也无法对孩子实施有效的干预。为了减少这一困难，也为了研究和治疗的目的，我们推荐 DSM-V 的修订版，它把所有在以上篇幅中所介绍的诊断标准集中到一个范畴，那就是自闭症谱系障碍，并按照严重程度将其划分为 3 个等级（www.dsm5.org）。自闭症儿童可能存在智力缺陷（即 IQ 得分小于 70）。那些存在智力缺陷的儿童和那些智力范围处于平均水平及以上的儿童，他们的言语或非言语技能在认知剖面图上可能都会显示出波峰和波谷。我们在第 2 章会谈到，轻微的智力缺陷或不均衡的认知能力发展，都可能影响儿童的社交、沟通和行为缺陷以及随后干预计划的实施。

从评估和干预的观点出发，自闭症儿童和青少年的症状会以不同的方式表现出来。功能损伤的程度在不同的领域也是不同的，而且，家庭和社会因素会影响孩子在不同环境中的适应能力。例如，我们可能会碰到这样一名儿童：存在一定的智力缺陷，社交兴趣不稳定，表达能力较弱，有持久性的、无用的行为癖好，或者，相反地，我们碰到的儿童可能是这个样子：有较好的智力功能，社会兴趣明显减退，沟通能力低于平均水平，对于不寻常的话题高度感兴趣（比如美国城市的地铁系统）。如果这两名儿童在 3 岁前都被发现有 3 个领域的功能损伤或发育迟缓，那么他们都会被诊断为自闭症，但是明显看来，他们的症状表现很不同，那么就要用完全不同的方法来应对他们在社会性发展中的缺陷。

## 阿斯伯格综合征

被诊断为阿斯伯格综合征的人不会表现出认知或语言发育迟缓，他们具备完整、有条理的语言技能，如使用合乎年龄的接受性和表达性词汇，语法和句法的运用也处于平均水平（美国精神病学协会，2000）。他们的社会沟通损伤表现在薄弱的谈话技能上，他们不能解释比喻性语言，如讽刺和嘲笑，最明显的缺陷在于他们不能使用目光接触、凝视、手势，也不能与别人分享自己的情绪或经历（美国精神病学协会，2000；世界健康组织，1992）。

阿斯伯格综合征个体对别人的希望、需要和信念有很弱的洞察力，而且倾向于很表面地解释行为。他们可能会像自闭症个体一样表现出某种重复性的刻板行为，但是比后者更有可能对一些很奇怪的话题异常强烈地着迷，如电风扇、道路地图或地铁标志，而且坚持和别人讨论这些话题，却没有意识到别人根本不感兴趣。阿斯伯格综合征个体常常好像是在"对"别人谈话而不是"和"别人交谈。

### 待分类的广泛性发育障碍或非典型自闭症

当一位儿童或青少年表现出自闭症或阿斯伯格综合征的一些症状，但却在数量或强度上不足以证明是自闭症或阿斯伯格综合征时，我们会使用待分类的广泛性发育障碍或非典型自闭症的诊断标准来进行诊断，它适用于儿童的行为表现非常多变的情况。再次强调，比起给儿童贴上诊断的标签，我们更需要了解作为独立个体的儿童的认知和行为的整体状况，这对于理解其功能损伤并制订干预计划十分关键。在第 2 章我们将阐述一些外显的标准以界定儿童的整体状况。考虑到症状的多变性，或根据每个儿童的个体需要，最有效的干预方法是同时考虑儿童在社会理解和沟通方面的优势和缺陷，以及这些功能损伤对其发展造成了哪些影响。

上述这些正式的定义对不同障碍个体的行为表现作出了很好的描述，也在一定程度上显示出对这些个体表现的关注及我们所面临的干预特点。当然，这些定义还是无法涵盖自闭症谱系障碍儿童的所有社会状况，他们的状况和正常发育的儿童是截然不同的。了解典型社会性发展的复杂性十分必要，这有利于我们理解自闭症谱系障碍个体突出表现的功能损伤（图1.1），以及这些行为会在哪个年龄范围内出现，从而界定出发育较早和发育迟缓的儿童。

## 社会性发展的简略过程

### 婴儿

新生儿在生命的最初几个小时里会识别人类的声音，这看起来非常惊人（Paul, 2008a）。相比于他人的声音，他们更喜欢母亲的声音，也更喜欢凝视一张正在看着他们的脸，而非一张看着别的方向的脸（Jones & Klin, 2008）。在生命的最初几天，新生儿可以根据脸部轮廓区分开母亲的脸和另一个女人的脸。在3周之内，新生儿可以模仿一个成年人把他们的舌头伸出来，6周的时候，成年人不用在他们面前示范，新生儿就可以自主

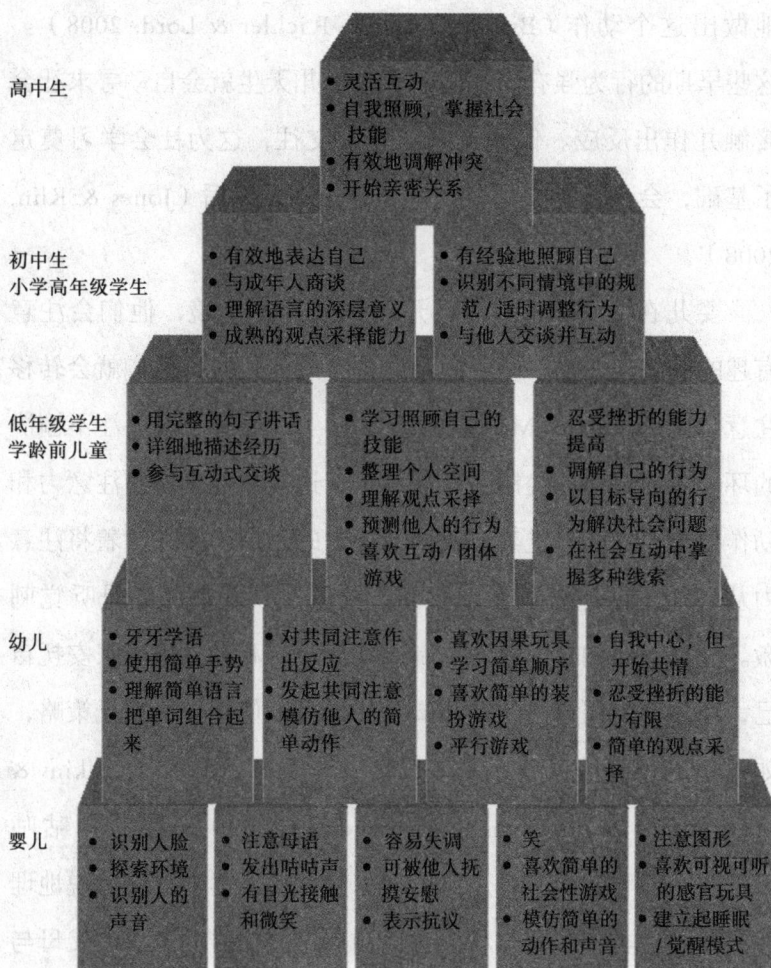

图 1.1 正常儿童的社会性发展过程

地做出这个动作（Bishop, Luyster, Richler & Lord, 2008）。
这些早期的行为强有力地证明了新生儿天生就会自动寻求社会
接触并作出反应。他们偏好与他人交往，这为社会学习奠定
了基础，会一直贯穿到婴儿期、童年期及以后（Jones & Klin,
2008）。

　　婴儿在 2 到 3 个月时，开始探索外在环境，他们会注意
有趣的刺激，而当一些刺激不能再唤醒他们时，他们就会转移
注意力（Calkins & Marcovitch, 2010）。通过不再关注不愉快
的环境刺激，他们控制着唤醒水平，这需要他们调整注意力和
动作技能，进而促进其自我调节能力的发展。婴儿学着将注意
力从环境中的痛苦刺激上移开，不管是视觉刺激还是听觉刺
激。而且，他们会学着通过制造其他声音和触觉感受来安抚自
己，通常会使用自己的手和脚。父母可以使用一些安抚策略，
如重复的声音或动作，来鼓励婴儿学习自我调节（Calkins &
Marcovitch, 2010; Lewis & Carpendale, 2009）。婴儿用咕咕
声、哭、笑和皱眉来表达自己的需要，父母逐渐能够敏锐地理
解婴儿不同类型的哭声和声音，知道这些信号的意思。父母与
食物和安慰之间的持续联合让婴儿开始把人际交往看作一种有
偿且愉快的体验。照料者和婴儿之间的这种感觉和情感是同步
的，这为婴儿的不断发展提供了一个安全的环境，婴儿相信

照料者会控制环境，因此不会被感官刺激所压倒（Calkins & Marcovitch, 2010）。

模仿行为会持续到接下来的 3 个月后，婴儿在 6 个月时，就会有意地联结他们的模仿和其他人的模仿，认为人们的行为总是带着某种意图（Bishop et al, 2008）。模仿以及关于意图的观点为他们的发展及对社会关系的理解奠定了非常重要的基础。

婴儿在生命的最初 6 个月之后，开始理解母语，也对其语调变得敏感（Paul, 2008a）。通过这种方式，他们更加关注周围母语的声音和片段，而忽视较少出现的声音或语言片段。本质上来说，他们会协调所听到的持续的声音，把声音片段理解成不连续的单词。对不连续的口语的理解是语言发展中一个非常必要的部分，并会在社会关系的情境中体现出来（Paul, 2008a）。

在婴儿 6 到 9 个月时，他们与照料者一起参与社会性游戏，婴儿用微笑和咕咕声对照料者作出反应，并发出各种声音或做出手势作为信号让照料者注意到他们的需要。婴儿开始牙牙学语（结合使用元音和辅音），大人通过模仿他们以及对他们表现出明显的兴趣，强化婴儿的这种行为。婴儿通过如躲猫猫这样的社会性游戏与他人分享乐趣，并用微笑、大笑、目光接触和动作来传达他们的愉悦。8个月大的婴儿能感知大人脸上表示担心的表情，这对于他们来说是一种警示性的信号，使他们不会继续靠近他们本想要的那样东西（Cole, Armstrong & Pemberton, 2010）。

几乎同时（6到9个月），婴儿发展出一种能力，他们通过追随别人对某个外在指示物（一个物体或活动）凝视的目光，和别人共同注意某一焦点（Chawarska & Volkmar, 2005）。这种共同注意为语言的学习奠定了重要基础，因为在这种情境下，婴儿可以学习在单词和外在指示物之间建立联系。然后，婴儿学习发起共同注意，通过声音和凝视来指示照料者注意到自己所感兴趣的物体或活动。

随着时间的推移，当婴儿理解自己所听到的声音，并知道那个声音正是自己和母亲正在提及的物体的名称时，语言开始出现（Paul, 2008a）。在共同注意的过程中，婴儿不仅学习到特定物体、人或活动的名称，也开始学着理解母亲所表达的情绪，母亲的情绪会通过语调、身体语言，或是通过对特别音节或声音的强调来表达（Carlson, 2009; Cole et al, 2010）。

在1岁之前，婴儿的牙牙学语会一直发展，一般到12个月大时能经常使用单个的单词，到18个月大时会掌握五十多个单词，并开始把单词组成短语（Paul, 2008a）。另外，婴

儿和幼儿有能力模仿并对别人的面部表情作出反应（Jones &
Klin, 2008）。2 到 3 岁的儿童能感知到其他儿童的痛苦，例如，
当他们看到其他儿童哭泣时，他们知道去安慰（Litvalk-Miller,
McDougall & Romney, 1997）。这是共情的早期表现，共情是
社会关系发展的基础（Eisenbery et al, 1996）。

**幼儿**

在 1 岁之后，儿童开始探索，玩装扮游戏，如把香蕉作为
电话（Chawarska & Volkmar, 2005）。在与其他儿童共同游戏
时，即使并不想加入其他儿童的游戏，他们也经常会关注其他
儿童的游戏。幼儿阶段的儿童依靠父母和其他照料者来引导自
己的行为，父母和照料者需要给他们明确的指示和说明。当儿
童介于 18 到 30 个月时，他们会学着去遵守这些指示（Bibock,
Carpendale & Miller, 2009）。在这一发展阶段，儿童不能抑制
自己的反应，比如，延迟追求自己想要的东西，或者当成年人
生气或心烦时控制自己的行为。成人通过抚慰儿童，来帮助他
们管理自己亢奋和激动的情绪，无论是开心、兴奋、生气或者
是沮丧的情绪。成年人可以通过环境来调节儿童的情绪，比如
让一名过度兴奋的儿童进入一个低刺激的环境中。除了在环境层

面上，还可以在人际层面上调节儿童的情绪，即成年人通过身体接触——如拥抱或抱起儿童——来降低他们的亢奋情绪。

随着儿童进入学前阶段，他们开始发展反应抑制和情绪管理的能力（Bibock et al, 2009）。所谓抑制，即在没有外在监视的情况下，儿童能延迟甚至不去做自己想做的行为（Karreman, van Tuijl, van Aken & Dekovic, 2006）。举例来说，当成年人在场时，儿童可能会听从成年人的指示，不从盘子里拿饼干，这叫作服从；而当没有成人在场监视儿童时，儿童无法抵制住拿饼干的冲动，这就是无法抑制行为的表现。情绪管理能力是第三个非常重要的认知和行为过程（Carlson, 2009）。儿童必须学会处理沮丧情绪，管理愤怒和焦虑情绪，学会在生气时控制自己的行为。到了学前阶段，大约从 3 到 5 岁开始，儿童可以借助成年人提供的外在支持学习内化这些情绪的控制过程（Zelazo, Qu & Kesek, 2010）。最终，他们会建立出自己的一套策略来管理情绪和行为。实际上，儿童自我管理的动机与他们想被社会接受有关（Carlson, 2009）。

### 学龄前儿童

儿童在 3 到 4 岁会发展一种能力，即从他人的角度来看问题，也就是说，儿童开始承认别人拥有和自己不同的想法、感受和信念（Benson & Sabbagh, 2010）。在研究中，当儿童被要求根据他们自己的知识去描述另一个人可能在做什么时，结果显示，3 到 4 岁的儿童能够知道别人的行为是基于他们自己的观点，而不是基于观察者；能够认识到别人根据自己的观点或对客观现实情境的理解而表现出行为。这种能力对儿童社会能力的发展非常重要（Benson & Sabbagh, 2010）。

儿童在大约 3 岁时开始使用简单的语言来叙述他们的经历（Reese, Yan, Jack & Hayne, 2010），他们能叙述正在发生或已经发生的事情，从而发展出对事件抽象思考的能力。装扮游戏使儿童能符号化地表征世界，这项能力对于解决各种问题非常重要。最终，越来越复杂的装扮游戏有助于儿童建立起样板来组织他们的经历。随着儿童更多地了解社会环境，明白事件如何发生以及为什么发生，他们就会发展出对社会关系和不可预期事件的健全的理解。

儿童在学龄前阶段会表现出对同龄儿童的浓厚兴趣，开始急切地想要参与到社会关系中。这个年龄段的儿童一般会对特定的儿童产生偏好，主动发起社会接触，一起参与合作游戏。更重要的是，儿童使用语言来表达需要和意愿，特别是，他们会学习成年人和其他儿童的交往方式以调整自己的行为（Lewis

& Carpendale, 2009; Morrison, Cameron Ponitz & McClelland, 2010）。换句话说，儿童使用语言作为一种手段，帮助他们延迟冲动反应，以及在新情境中指导自己的行为。儿童很快就能熟练地使用语言来使自己的经历与环境相协调，这有助于他们自我调节能力的发展（Loth, 2008）。我们发现，3 到 4 岁的儿童常探讨一项任务的每个步骤，或重复他们听到的指示以指导自己的行为（Cole et al, 2010）。此外，儿童越熟悉情绪语言，就越能表达自己的情感状态，并对行为施加控制。

一旦儿童进入了幼儿园，他们很可能需要在团体情境中与他人进行互动。这时对于他们很重要的社交技能是学习知识、转移注意力的能力，他们还需要具备与同龄人相近的语言理解能力，并对情绪和行为进行控制。行为控制，即通过分散注意力或其他方法来实现对冲动反应的抑制。这种能力对于其他能力（如等候绿灯转弯以及在交谈时轮流发言的能力）的发展非常重要。到了这一时期，儿童已经能清楚地认识到别人拥有与自己不同的想法和感受，而且会基于他们自己的想法和感受做出行动。在社会环境中，儿童需要注意多个行动者，因而社会互动开始变得复杂（Lewis & Carpendale, 2009）。正常发育的儿童会不断增强使用目标导向行为和计划的能力来解决社会问题（Landry, Smith & Swank, 2009）。在小学低年级阶段，儿

童会发展出一种能力，他们能根据对社会情境的认知来调整行
为。我们再次强调，叙述自己经历的能力非常重要，它可以帮
助儿童学习如何根据自己对相似的过去情境的理解来适应一个
新的环境。

### 小学生

小学儿童的社会能力使他们能维持同辈关系，能对自己和
他人的行为作出判断，并根据这些判断做出行动（Landry et al,
2009）。他们在互动中表现灵活，能忍受挫折，能适应别人与
自己的差异。另外，在与成年人的互动过程中，他们能够遵守
成年人的指令，也能与他人商定一个问题不同的结果和解决方
案（Landry et al, 2009）。他们能处理与同辈及成年人之间的
冲突，并不是因为他们不会变得生气或沮丧，而是因为他们有
能力处理自己的激动情绪，通过降低自己的焦躁水平来控制行
为。儿童在早期的装扮游戏中扮演各种角色，可以帮助他们学
习如何象征性地表现现实生活的情境，也可以帮助他们思考各
种解决问题的方案。

成年人从很早的时候就为儿童提供社会情境的"脚手架"，
这对于学龄儿童社会能力的发展起到了明显作用（Bibock et

al, 2009）。所谓脚手架，即成年人采取的一系列行动，或是通过行为，或是通过谈话，来为儿童参与社会互动提供结构和支持。当外在的支持适合于儿童的发展水平，互动的时机适合于情境时，脚手架在帮助儿童学习如何独立处理情境时是非常有效的（Bibock et al, 2009）。如果儿童在作决定时被给予了太多的自由，他们在面对众多选择时就会面临挑战，以致不能作出一个慎重的决定。而与此相反，如果我们给儿童过少的自由，那么他们就不能很好地发展出一套如何作出社会决定的策略体系。当儿童小学毕业时，我们期望他们能相对独立地处理同辈关系，发起一段关系并维持关系，成功地调节冲突。如果儿童在进入中学时没有发展出这些技能，中学时的社会关系会更加复杂，那么他们在社会关系中会表现出明显的劣势（Bibock et al, 2009）。实际上，儿童在中学阶段如果具有问题解决的能力，我们可以预测他在青春期会表现出良好的社会能力（Landry et al, 2009）。

### 初中生

13岁左右的少年会根据多重社会信息而行事，包括对整体社会情境的理解，在特定的互动中对伙伴的了解及理解社会性别角色所赞许和不赞许的行为（Berndt, Hawkins & Jiao, 1999）。很多社会行为规则对于男孩和女孩的要求是不同的，也与青少年在小学时曾接受的规则有着实质性的区别。对于这一阶段的儿童，参与并适应同辈群体变得至关重要。在青春期早期，通常是在初中高年级阶段，小团体和群体对少年们来说最重要，他们必须清楚自己如何适应小群体的朋友圈，以及这个小团体如何适应更大的学校环境。对于成年人来说，这种精细的区分显得有些荒谬，但对于年轻人却非常重要。如果他们无法掌握他们所处年级或学校中更大的社会情境的结构，他们会错失很多信息，这会影响他们处理学校内及校外活动中的各种社会关系。

在青春期早期，青少年与成年人的冲突会增加，而当他们发展了较好的与成年人有效互动的能力时，冲突就会减少（Landry et al, 2009）。在某种程度上，与同辈互动的能力可以反映出与成年人互动的能力。如果青少年能乐于参与积极的互动，就更有可能展现出良好的社会能力（Landry et al, 2009）。

**高中生**

社会化水平较高的青少年会对友谊及与友谊相关的话题

有着更复杂的思考方式（Barry & Wigfield, 2002）。如果青少
年有亲密的友谊，他们会比那些没有亲密友谊的青少年有更
好的社会认知和行为能力。另外，友谊有一个特点，即友谊
关系内的期望和角色会随着时间发展和变化（Parker & Asher,
1993）。在青春期，女生之间的友谊比男生之间的友谊更亲
密，青少年与同性和异性朋友之间建立更亲密关系的能力不断
得到发展，女孩们会发展得更为迅速，到大学阶段时就可以像
成人一样建立起亲密关系，而男孩则要到成年早期才能发展出
成熟的亲密关系（Reis, Lin, Bennett & Nezlek, 1993）。如果
在这一阶段，青少年无法发展好与同性和异性同龄人建立亲密
关系所必需的个人理解和技能，那么就会导致在成年早期，
大部分年轻人都会追求一种亲密的、有性的关系（Reis et al.,
1993）。

　　总之，对每个人而言，社会能力建立在种种基本的、多个
领域技能的基础上，而且会在特定的社会情境中通过对这些技
能的流畅运用而表现出来，一个具有社会能力的人，他以预先
安排的或新的方式集合起所有必需的技能，以期与环境进行有
效的互动。有效社会互动过程的变动性使得社交技能训练比较
复杂。对于自闭症谱系障碍儿童，他们不仅缺乏特定的行为或
友谊技能，或是缺乏关于适时采取行动的知识，也没有对社会

经历和成功社会互动的丰富的叙述性储备，以致在面临社会情境时无从提取。当然，我们也不能过分强调自闭症谱系障碍患者所面临的这一挑战。

## 自闭症谱系障碍儿童的社会和沟通损伤

如果我们根据正常发育儿童的社交技能和社会能力水平，来考虑自闭症谱系障碍儿童所表现出的神经生理行为和发展中的缺陷，我们就能更好地理解自闭症谱系障碍儿童的发展出现了怎样的差错，这样能帮助我们明白提高自闭症谱系障碍儿童的社会能力有着怎样的内涵。

神经生理异常的自闭症谱系障碍儿童天生就不喜欢参与社会互动。一些研究已经显示，自闭症谱系障碍儿童与正常发育的儿童相比，他们的大脑反馈系统使他们在帮助别的儿童与从中获得的愉快体验之间的联系较弱（Scott-Van Zeeland, Dapretto, Ghahremani, Poldrack & Bookheimer, 2010）。在发育过程中，通常这些儿童对社会环境的反应性较弱，而且不能从日常生活中隐含的社会学习经历中受益（Jones & Klin, 2008）。例如，如果一位父亲表扬了正常儿童的某一行为，这名儿童会感到开心而且更有可能再次这样去做。通常，这种类型的社会强化对于普通儿童十分有效，能帮助父母及其他成年人塑造儿童的行为。由于自闭症谱系障碍儿童对表扬的反应性很弱，那么这样的社会强化就无法达到激励他们的学习以及建立与别人之间关系的目的。

### 早期社会性损伤

正常儿童会偏好人类的声音，然而，自闭症谱系障碍儿童却不会表现出同样的偏好（Paul, 2008a）。这些儿童对于人脸（身份）和面部表情的识别能力较弱。正常儿童偏好社会性刺激，而与之不同的是，自闭症谱系障碍幼儿用来观看非社会性刺激的时间与社会性刺激差不多。琼斯和克林（2008）提出，自闭症谱系障碍婴儿的世界可能是一种"视野和声音相混杂"的世界，从这个意义上讲，对于这些儿童，在他们生命的第一年，照料者的抚爱和刺激对于他们感性经验的组织能力发展作用不大，他们在此方面仍然很弱或几乎没有。

自闭症谱系障碍儿童在某种程度上不像正常同龄人一样喜欢参与社会性游戏，如躲猫猫，他们和别人的目光接触较少，也无法追随别人的注视目光和方向——去看一个感兴趣的东西

（Chawarska & Volkmar, 2005）。像这样对共同注意缺乏反应性，暗示着他们在语言学习方面也有缺陷。既然这些儿童无法和成年人共享对一个物体或活动的共同注视，他们也就无法学习到他们所听到的声音或单词指的正是那个物体或活动（Paul, 2008a）。与此相似，自闭症谱系障碍幼儿不大可能拿一本书或一个玩具给父母看（发起共同注意），这是因为他们没有共享事物的内驱力（Chawarska & Volkmar, 2005）。无法发起共同注意抑制了对语言的学习和学习这个社会性的世界。这些儿童持久地注视着物质世界中非常具象的部分，如玩具或物体，信件或数字，因为这些东西不会改变而且可预测。在他们的世界里，有意义性和灵活性的事物很少，因此重复性的活动会使他们感到很平静。故而，如果我们企图破坏重复行为或拿走他们正在注视的物体或玩具，这会让他过度紧张，因为这意味着儿童要重新组织自己的世界。

自闭症谱系障碍儿童的症状特点常表现为情绪和行为失调。如果你清楚，正常儿童的早年时期在父母—孩子相互作用的情境下，儿童的行为管理是如何发展的（当然也部分在于儿童认知能力的增长），那么你就会明白，为什么自闭症谱系障碍儿童在这些发展方面是有困难的。很多时候，自闭症谱系障碍幼儿和学龄前儿童无法利用他们与照料者之间的关系来管理自己的情感反应和沮丧情绪，这正是他们会发生攻击和自伤行为的原因。

我们不能夸大语言理解能力和一般语言能力缺陷所造成的影响，正如我们所看到的，正常儿童用语言来调节自己的行为，例如，如果他们被告知需要遵守某一规则，他们就会如此指导自己。到 3 岁的时候，正常儿童可以使用叙述性语言技能来理解自己的经历，也能通过比较来理解一些新的体验，如果儿童没有叙述性语言技能，特别是没有排序能力，他们就无法管理记忆中的经验，不能提取出这些记忆来理解当前的情境（Loth，2008）。正是由于自闭症谱系障碍儿童缺失这样关于理解的能力，因此他们会逃避新情境，避免作出改变，甚至会逃避先前已经做过许多次的活动。

自闭症谱系障碍儿童在社会环境中的显著缺陷所导致的另一个后果是，他们不知道如何解释环境中的社会线索，比如那些面部表情、手势、语调或肢体语言传递的信息（Koening, De Los Rryes, Cicchetti, Scahill & Klin, 2009），由于这些儿童的共情能力被破坏，而共情涉及注意别人的行为以及推断行为所传达的情感状态，所以这些儿童不能表现出适合情境的情绪。

自闭症谱系障碍儿童在试图解决问题时，无法分辨出什么值得关注而什么可以忽略，因此他们可能会关注一些具体而毫

不相干的细节。这就使得他们很难进行成功的社会互动。因为
我们都知道，对一个社会情境的整体理解通常比解释具体细节
更为重要（Koening et al, 2009）。这就说明自闭症谱系障碍儿
童存在组织能力上的缺陷（虽然不总是在这方面存在缺陷，但
最常见的是存在组织能力上的缺陷）（Tsatsanis, 2005）。

　　为了理解其中的复杂性，我们来给大家举一些例子。这是
可能发生在任何一个学龄期儿童身上的简单社会情境。一个正
常发育的 6 岁女孩第一次走进她的一年级教室，她看到在房间
的一侧有一圈儿童椅，有几个儿童正坐在椅子上，横跨这个房
间有 3 张特定间距的桌子，有 3 套材料分别放在每张桌子上，
现在没有人在使用这些材料。在一面墙上有一些挂钩和置物架，
她看到挂钩上放着一些衣服，置物架上放着午餐盒。她看到在
走廊里有一些儿童在走进别的教室，有一个儿童从幼儿园走进
另一个教室。她看到在这间屋子里有两个成年人，其中一个成
年人在帮一个小男孩整理衣服，另一个成年人正微笑着转身跟
她打招呼。这个情境看起来很简单，但实际上，这个女孩必须
处理这一环境下的大量社会信息，以知道下一步该做什么。她
必须理解这两个成年人是这里的领导者，她也要理解自己应该
对那个正在问候她的成年人作出回应，显然那个微笑证明这个
成年人很友好并且已经注意到了她，可能她也应该脱下衣服把

外套挂在墙上的挂钩上并把午餐盒放进置物架。如果老师指示
她加入到其他儿童中，她知道应该去坐在那一圈椅子上，她很
可能也知道自己应该跟旁边的儿童打招呼并询问他们的名字。

同样的情境，如果是一个患有自闭症的 6 岁女孩，她可能
更多地关注一些细节，比如桌子上的画画材料，而无法注意到
其他儿童，也不会正确使用材料或坐在那圈椅子上。她可能会
迅速走向那些材料并开始操作，她可能也没有注意到老师对她
的微笑或者不明白那个微笑代表着什么。一句"加入到其他儿
童中"的简单指示可能让她感到很迷惑，因为尽管她通过结构
化的干预学习了很多语言，但仍不知道"加入"这个词的意思。
而且，她无法从情境中推断出这个单词的意义。虽然这个小女
孩看到了其他儿童，但她无法注意到他们都坐在一起（视觉完
形），因而就意识不到她也应该那样做（这是一个社会期望）。
这时她可能看到了外面一个去年认识的儿童，于是她便离开教
室并跟着这位儿童走下楼去。按照小学的管理，每个学生都被
分配到一个固定教室，关于这一点知识可能没有人明确地教给
她，因此她就不会认为有待在一个教室里的必要。在这种情境
中，这个女孩无法理解面部表情和语言，无法理解教室内的隐
形规则，也不认为有必要遵守她所看到的同龄人的行为模式。
实际上，她没有看到任何模式。她试图跟着那个她熟悉的小孩

或者去探索她所感兴趣的画画材料，这些行为可能被误解成故
意犯规，而真正的原因是她无法正确地评估社会情境。一个看
起来简单的情境，其中只需要与他人进行简单的互动，但对于
做出正确的社会行为则暗含多重要求和期望，如果行为不符合
社会期望，他就会与同龄人之间产生距离。

　下面我们举第二个例子来说明，自闭症谱系障碍儿童在解
释社会情境与同龄人行为时的复杂性。一个被诊断成阿斯伯格
综合征的五年级男孩走进学校的操场休息，那里有 6 个成年人
和 40 多个五六年级的孩子，这样一个场景让他感到吵闹和迷惑。
他看见几群孩子，有一些在踢球，有一些在攀岩，有一些站在
树下聊天。他觉得他也可以站在树下，于是他就走过去，却丝
毫没有注意到树下的这一群全是女孩，其中的一些女孩是他在
低年级时一起玩耍的同伴，但他没有意识到，到了高年级时男
生和女生已经分开玩了。他对一个女孩打招呼，她不理会，只
是翻了一下眼睛，其他女孩都笑作一团，这个男孩不明白她这
个表情是什么意思，还认为其他女孩的笑是在欢迎他。女孩们
聊天时总是忽视他，看起来他也的确跟不上她们的谈话，他想
告诉她们他对日本动漫很感兴趣，于是他尽可能地大声说话，
试图盖住女孩们的声音和笑声，偶尔会有一个女孩回应他，讽
刺地说我们对这个话题不感兴趣。最终，女孩们离开了他，他

的休息时间也结束了。在这个案例中，我们了解到这名阿斯伯格综合征儿童不能认识到，当他和同龄人进入青春期时，基于性别的社会期望发生了显著的变化。他无法读懂面部表情，也无法正确解释女孩们的笑声。他没有意识到她们是在忽视他，因为如果要意识到这一点，需要整体地理解女孩们的身体语言、面部表情和语言评论。关于日本动漫的讨论索然无味，因为他无法感知到女孩们根本没有兴趣（他不会解释讽刺），而且他尽可能提高自己的声音，结果只是让他显得异于同龄人。这一情境与刚才的例子都说明，与他人成功地进行互动需要很多能力，包括要正确地认识和理解他人的行为，要有良好的时间感，要知道社会规则，而且要具备换位思考的能力。很显然地，这些能力对于自闭症谱系障碍儿童太复杂，那么就需要别人对他们进行明确的训练和示范。

从以上两个例子中我们看到，要想成功地适应这个社会，需要很多技巧和复杂的能力。而且，随着儿童渐渐成长，他们需要去适应的社会情境也越来越多，这个社会对他们提出的要求也越来越复杂。到了高中阶段和成年早期，至关重要的是灵活地运用个人能力和社交技能。考虑到其复杂性，我们需要根据每个儿童所特有的优势和缺陷来制订干预计划，以矫正他们的社会性损伤，这一点显得尤为关键。

　　为了帮助自闭症谱系障碍儿童发展出良好的社会能力，我们需要制订有效的干预措施，那么我们就需要全面地了解正常儿童社会性发展的过程。正常儿童天生就倾向于社会交往，且在生命之初就开始学习自己所处的这个社会。随着儿童在生理、认知和情感上的不断发展，他们会经历童年期、青春期和成年期，贯穿整个时期，他们也在不断地学习关于社会环境的信息。当儿童进入了青春期，他们已经成为了社会互动中富有经验的社交伙伴。最重要的一点是，他们不需要别人清楚地教导就能学习并成功适应这个社会。我们发现了帮助自闭症谱系障碍儿童发展社会能力的困难之处，即他们需要别人清楚的教导。干预者需要了解造成功能损伤的"硬件"缺陷，以及儿童所表现出来的对环境的特质性回应。促进自闭症谱系障碍儿童的社会性发展是一个过程，在这个过程中，儿童不断地吸收和综合新的思考方式和行为方式，考虑到这一点，干预的焦点应不仅仅是教给儿童一系列零散的社交技能。

第 2 章

# 最佳的训练

在介绍促进社交技能发展的方法和策略之前，我们先来想想为什么社会能力如此重要。比起设计一些干预方法来促进儿童的语言学习或改善其自理能力，我们在早期干预中更注重促进儿童的社会性发展。在过去的几年中，鉴于问题的严重程度，我们优先处理的是自闭症谱系障碍儿童的语言损伤和不良的适应行为，而并没有把帮助儿童学会与同龄人互动放在首要位置。幸运的是，现在我们意识到了这一点，这是一个巨大的研究进展。

## 改善社会能力：谁做？做什么？为什么这么做？

我们为什么要首先处理自闭症谱系障碍儿童和青少年的社会功能问题？对于儿童和他们的家庭来说，答案非常明显：满意的社会关系与良好的心理及生理健康有关。然而，在继续教育研讨会以及家长和社区心理健康工作者会议中，一些学校工作人员和其他专业人士提出了一个问题：既然学校已经承担了儿童学业发展的责任，那么为什么他们还要承担促进孩子社会性发展这样复杂的任务？实际上，无论一个人有多聪明，也要在日常的社会中进行社会活动。购买食物、打电话、在线交易、乘坐火车或汽车、叫出租车、与雇主或员工交谈，如果有需要的话还要与警察和消防员打交道，与同事一起工作，等等，做这些事都需要具备一定的社会能力。即使出于自身原因，对于社会互动毫无兴趣的人，也仍然与他人生活在一个社会中，很多时候，除了相互影响，别无选择。

美国的法律和美国教育部的政策也承认这一事实。美国教育部的使命就是"通过培养学生优势，保证机会均等，促进学生取得成就，为全球竞争做准备"。显然，如果学生不具备共同协作的能力，这一目标是无法达到的。达成这一目标需要足够的社交技能。本质上来说，学校有责任教育儿童和青少年发展社交技能，令其使用所需的工具，成为社区和社会所需要的有用的成员。显然，这些技能是超出阅读、书写和数学之外的。学生必须具备批判性思维能力、分析能力、沟通能力和适应能力。换言之，这些能力是要在现实世界中进行检验的。

我们都知道，较低的学业成绩和行为问题具有密不可分的关系，如行为不良、青少年怀孕、心理健康问题和物质滥用等（Brier, 1995; McEvoy & Welker, 2000）。但是我们对于社会功能较弱的影响又知道多少呢？关于自闭症谱系障碍的研究结果给我们提供了一些信息，让我们了解到这些个体随着时间推移会有怎样的社会表现，即使是具有较高智商和良好学习成绩的个体。虽然在过去的 10 年中，一部分自闭症谱系障碍个体的独立功能有所增强，但这一群体中大多数人的独立性仍然较弱（Howlin, Mawhood & Rutter, 2000; Klin et al, 2007）。在一个由 187 名儿童组成的样本中，所有儿童均被诊断为自闭症谱系障碍，但不伴随智力缺陷，使用文兰适应行为量表中的社会化分量表测量这些儿童的社会人际关系功能，结果发现他们的功能水平相对于生理年龄延迟了 3 到 4 年（Klin et al, 2007）。因此，一名即将上中学的六年级自闭症谱系障碍儿童，他／她的人际交往能力大约相当于二到三年级学生的水平。

更进一步来说，智力功能处于平均水平及以上或学习成绩良好并不能很好地预测儿童的适应功能。当自闭症谱系障碍儿童长大的时候，智力潜能和日常功能之间的鸿沟会变得更宽（Klin et al, 2007）。这个结果一点也不令人惊讶，因为随着儿童的成长，这个社会也变得越来越抽象和复杂。与正常发育的儿童相比，自闭症谱系障碍的学龄儿童更容易被孤立（isolation）和感到孤独（Bauminger & Kasari, 2001; Locke, Ishijima, Kasari & London, 2010; Rothman-Fuller, Kasari, Chamberlain & Locke, 2010）。此外，与社会联系较少、孤独和被孤立的儿童，罹患心理健康问题的风险也更高，如抑郁和焦虑（White, Oswald, Ollendick & Scahill, 2009; White et al, 2010）。

　　提到自闭症谱系障碍儿童和青少年的教育，我们需要关注一部法规——美国的《残疾人教育改善法》，也被称为 IDEA 2004。这一法规的目的是"保障所有残疾儿童都有接受免费、适当的公共教育的机会，强调特殊教育及相关服务应当符合他们特殊的需要，为他们将来的*教育、就业和独立生活做准备*"（斜体字为新增内容）。1975 年美国《残疾儿童教育法案》的修订是为了配合 2001 年美国《有教无类法案》的目的而专门制定的。《有教无类法案》的目的是"保障所有儿童都有公平、平等的重要机会获得更高水平的教育，最低也要达到本州学业成绩评估标准"。这就意味着残疾儿童必须要完成和非残疾儿童一样的目标，学校和各州也必须建立责任系统（Wright & Wright, 2007）。如果想了解更多有关 IDEA 2004 的详细信息，读者可以参考美国《特殊教育法》（第二版）（*Special Education Law*, Wright & Wright, 2007）。

　　然而，从本质上来说，学校不仅有责任促进学生在学业上成功，还需要"保障残疾的个体享有均等的机会，能充分参与活动，独立生活，在经济上自给自足"（20 U.S.C. § 1400 [c]）。此外，《残疾人教育改善法》还包括关于干预反应的法规，这些法规描述了学校需要通过怎样的过程和步骤，来评估儿童是否存在特定的学习缺陷及儿童需要的干预强度。

## 对干预的反应

干预反应模式是一种根据儿童的需要，来确定是否需要进行教学策略调整的方法。在过去，儿童因为存在学习方面的缺陷而被分类，人们通常会查看关于儿童的资料，资料中记录了他们的发展水平或智商分数，人们以此为依据判断儿童的学习潜能，根据学习潜能和实际的发展、学习任务之间的差距来提供相应的特殊教育服务。在干预反应模式中，教师需要根据儿童对教学的反应，进行更有针对性的教学。如果儿童在学习过程中表现进步，那么这时使用的教学策略就是成功的；如果儿童没有表现出进步，那么这时使用的教学策略可能是不够充分的。干预反应的典型过程包含三级或四级教学。第一级教学：教师根据有关研究成果，对儿童进行总体教学；第二级教学：教师根据儿童的学习需要，把更多差异化的教学方法合并起来使用（Hale，2008）。这时仍然没有取得进步的儿童，可能需要相关的特殊教育服务（第三级教学），这些教育服务要经过同行评审研究。干预反应的过程没有取代综合评估，综合评估和干预反应共同决定了儿童是否需要特殊教育服务。

IDEA 2004 指出，一旦确定儿童有这方面的需要，对于残疾儿童的教学要以科学的研究为基础，科学的研究在法律中被界定为：

（A）通过严格、系统和客观的步骤进行的研究，并获得了可靠、有效、与教育活动和计划相关的结果。（B）包含如下研究：（Ⅰ）采用系统、实证的方法，如观察法或实验法进行的研究；（Ⅱ）包含严格的数据分析过程，通过充分验证假设，归纳出一般性结论的研究；（Ⅲ）通过测量或观察的方法得到可靠、有效数据的研究，这些数据一般是在多次测量和观察中，由不同的评估者和观察者得出的；（Ⅳ）使用实验或准实验设计进行的研究，在实验中，个体、概念、过程或活动等都在不同的实验条件和适当的控制下，通过这些来评估个体感兴趣的条件，随机分配实验的倾向性或者这些设计包含的条件内和条件间控制的范围；（Ⅴ）如果是实验研究，要确保能充分地展示出细节，实验过程清晰、可被重复，结果至少要系统化；（Ⅵ）被同行评审杂志接受，或被独立的专家组通过严格、客观和科学的检阅后，得到认可的研究。（20 U.S.C. 7801 [37]）

有趣的是，法律承认在一些情况下，可能并没有关于干预方法的足够研究信息，这时我们就要依靠专业人士的专业意见。自闭症儿童教育干预委员会发表了题为《自闭症儿童的教育》（*National Research Council*, 2001）的报告，阐述了对于自闭症谱系障碍儿童来说，哪些做法值得大力推荐，哪些做法有相关研究的支持。该报告的一个部分阐述了有效干预的特征，为多种问题的干预提供了指南，包括儿童的沟通、社会、感觉和运动缺陷；适应行为的延迟发展；问题行为和认知损伤等。在本书的第 5 章中，会详细列举针对个体或团体情境的特定教学策略。

许多针对自闭症谱系障碍个体的干预方法，在书中、研讨班和网络中被大肆吹捧。不幸的是，这些干预方法可能并没有以可信的科学研究为基础，它们看上去更像是魔法或万能药水。父母，也包括某些专业人士，可能都会被这些看似科学的方法所愚弄。从事自闭症谱系障碍儿童相关工作的专业人士，不仅自己要区分出哪些方法和策略是具备研究基础的，可能还要负责帮助父母和同事作出相关的区分。对于自闭症谱系障碍儿童，有多种可行的干预方法；父母和专业人士希望尽量多、尽量快地实施干预，在这一过程中难免感到很大压力。考虑到以上两点，作为儿童干预团队的成员，在进行特定的干预时面临着巨大的挑战。尽管如此，在干预中最重要的一点，是要使儿童保持最佳的兴趣。

在促进自闭症谱系障碍儿童社会性发展的过程中，我们还需要考虑，那些有助于训练儿童零散、固定行为（如系鞋带）的方法和策略，可能在训练儿童适当的社会行为方面不那么有效。良好的社会功能包括对社会环境、参与者和情境的评估能力，以及为了使沟通更有效、流畅而做出适时、适当反应的能力。这种行为需要个体迅速作出反应，即需要一种直观思维，而自闭症谱系障碍儿童恰恰在这方面存在问题。不幸的是，这正是训练社会行为时的关键问题，尽管网上和出版物中有很多优秀的资源，目的都在于帮助自闭症谱系障碍儿童发展社交技能，但是没有哪一种单独的方法或课程能够获得广泛的成效。

## 基于证据是什么意思？

本质上来说，基于证据的做法也就是我们说的基于严谨的研究基础之上的有效干预方法。目前关于自闭症干预的教育学和心理学的研究结果，是通过一种正式的框架来进行评估的，这种框架把不同种类的证据划分出层级，这样就可以给不同的干预贴上"可能有效""很可能有效"或"有效"的标签。如果一项干预以个案研究和系列案例研究为依据，那么它"可能有效"，但是如果要确定一项干预"有效"，则必须通过严格的标准进行检验，通常需要把儿童随机分配到不同的干预条件下，进行可控的实验。实验目标是要对儿童尽早进行尽可能广泛的干预，使儿童以后有成功的最佳机会，但问题是这些可控的实验非常复杂，花费昂贵，且耗时较长。儿童、家庭和干预者们需要掌握更多的信息，来了解现阶段怎样做最有效。更进一步说，有时，基于证据的方法尽管可以保证干预很有效果，但是干预者和专业人士仍然需要学习特定的知识，接受特殊的训练。由于儿童的需要和基于证据的可用干预方法之间存在一定的差距，专业人士应该以最佳做法作为指南（国家研究委员会，2001）。最佳做法是以可靠的理论作为基础的一种干预方法和策略，这些理论通常是关于儿童面临怎样的挑战，以及被证实可能有效的干预方法，虽然目前相关依据并不能充分证明该方法的有效性。最佳做法需要相关专家的认可，并且要把基于证据的方法的各个方面合并到一起。无论如何，挑选出一种适合儿童的发展水平、行为特征和学习概况的干预方法是最重要的。

## 全面的方法与干预策略的比较

我们需要理解一种具有广泛理论基础且基于证据的方法包含哪些成分，以及一些经过验证的经验性的策略包含哪些成分。

本书主张，在实施干预方法时要应对儿童多方面的功能问题，包括核心损伤及有关的困难，还要考虑其他多种辅助方法。例如，应用行为分析就属于一种具有广泛基础的方法，可以用于训练儿童的技能、调整行为、处理或大或小的行为问题的整体干预计划中。直接教学、强化、提示、行为连锁、促进迁移等策略，是应用行为分析的基础，但如果分开使用其中的每一种策略，都不能达到整体干预效果。不过，只要我们能正确理解这一方法的根本原则，就可以独立、有效地应用这些策略。为此，我们需要对特定的干预进行检验，这样可以帮助我们理解在何种条件下实施干预会更有效。通过这种方式，我们就可以配合情境来应用和调整干预策略。当干预没有得到我们所期望的结果时，我们可以退回到上一步的策略，考虑在更大的环境背景下解决问题。

凯瑟是一个 4 岁的女孩，被诊断为自闭症。她的社交和适应技能大约相当于 1 到 2 岁水平。她的认知情况是：在问题解决能力上存在中等程度的延迟；语言情况是：接受性语言处于 3 岁水平，表达能力处于 2.5 岁水平。凯瑟不理睬其他人——实际上是在回避他们——她的时间都花在自我刺激的活动上，如摆动绳子或其他灵活的东西，然后在近处看着它们。如果有提示，她能使用一些零散的单词作出简单的回应，但是对他人没有社会化的或者实际的回应（即使是要求上厕所）。

针对凯瑟的情况，我们需要重点促进她的社会性发展，但是这必须要通过一些综合训练项目得以实现，如训练模仿能力、共同注意能力、听从成人的指令、忍耐与成年人和同龄人的互动过程等。根据凯瑟自闭症的严重程度、她对干预的回避行为和她对自我刺激行为的投入程度等状况，促进凯瑟的社会能力的发展要有一个全面的计划，也就是说，这个计划要能全面地处理凯瑟的各种弱点，并且有高度的结构性和统一性。在本章最后部分描述的两种方法也许正是凯瑟需要的方法。

相比之下，如果一个儿童患有轻微的自闭症谱系障碍，认知功能高于平均水平，语言能力低于平均水平，但是存在明显的社会性损伤，只要我们能够针对具体的问题和环境，使用可利用的资源和适当的策略，训练他的一些具体的社会行为，那么，他在某些情境中的表现就可能和正常的同龄儿童一样好。另外，值得注意的是，我们开展的干预计划必须要符合儿童的个体需要。

## 提高儿童社会能力的行为与发展疗法

在自闭症谱系障碍干预领域，人们一直在思考和探索，到底应该使用极端严格的行为控制方法，还是应该完全使用发展性的方法来进行干预。如果要使用行为的方法，我们必须要理解如何通过环境反应来改变个体的行为，无论是塑造某种行为、增加行为的频率和强度还是减少或消除某种行为。发展的方法则会注重考虑儿童随着时间在生理、情绪、社会化和行为方面的发展变化，以理解儿童应该为学习做怎样的准备以及如何学习。另外，我们需要按照儿童发展的规律，训练他们零散的技能和能力，这些训练还要适合儿童的理解水平和他们本身的兴趣。在这里，我们似乎可以明确一点，即教条地应用任何一种方法，都不能满足自闭症谱系障碍儿童的全部学习需要，特别是社会化学习的需要（Prizant & Wetherby, 1998）。现在的干预方法都是以综合的理论框架为基础，把行为与发展的概念和策略整合在一起而形成的复杂方法（Odom, Boyd, Hall & Hume, 2010; Vismara & Rogers, 2010）。这样的方法能够处理自闭症谱系障碍儿童和青少年的核心损伤及其他相关症状。

本书的第 5 章介绍了一些基于证据的策略，它们可以帮助儿童达成社会化目标。本章则主要介绍两种提升自闭症谱系障碍个体的社会能力和总体能力的广泛性方法：丹佛早期教育模式（Rogers & Dawson，2010）和关键反应训练法（Koegel & Kern Koegel, 2006）。

### 自闭症幼儿的丹佛早期教育模式

丹佛早期教育模式是一种针对自闭症幼儿的干预方法，这种方法会考虑儿童社会性、情绪和交往能力的生理和发展过程，并通过集中的干预来巩固和增强自闭症谱系障碍儿童的这种过程（Rogers & Dawson, 2010）。实施这种方法的干预者，需要对儿童的发展有精准的把握，在此前提下有效地把自然的行为方法整合进来。这样的课程一般会把关注点放在儿童的接受性和表达性沟通能力、共同注意能力、模仿能力、社交技能、游戏能力、认知能力、精细及粗略的运动技能和自理能力上。专业人士在进行这些训练时，需要把不同学科的方法整合起来，如职业理论和语言病理学等。从这种意义上来讲，虽然专家们会根据自己的专业知识为儿童设计干预计划，所有的专业人员也都要一起努力帮助儿童实施干预。在使用应用行为分析策略进行干预时，无论使用正式训练范式还是自然训练范式，都要注重儿童的学习活动，例如训练儿童的基本能力，包括注意成年人、听从成年人指令、模仿，以及学习其他一系列复杂的行为。严格的教育实践活动包括以下部分：

· 成年人要调节和完善儿童的情感、情绪和注意的状态。

· 成年人要通过训练活动，对儿童施以积极的影响。

·在互动中要注意和儿童双向交流，轮流对话。

·当儿童出现了沟通的迹象时，成年人要敏感地注意到并作出回应。

·在儿童和成年人之间要有各种各样的社会沟通机会，包括请求、抗议、评论、求助、问候、命名等机会。

·治疗师要帮助儿童拓展和丰富游戏活动。

·成年人的语言要适合儿童的理解水平。

·有效地控制儿童的转变。

成年人的语言使用有一个特点，即"胜人一筹"的规律，这是说成年人对儿童作出评论和回应的平均语言长度大约要比儿童的语言多一个词。在丹佛早期教育模式中，研究者强调，为了使儿童提高参与和维持社会互动的兴趣和积极性，在干预过程中要注意增强积极的情感。另一个重要的因素是家庭的参与，即治疗师把策略教给父母，这样，父母就能把这些活动带入儿童一天的生活中。这种模式为父母呈现了清晰的目标，这也是干预计划的一部分。还有一点十分重要，即父母要学会支持儿童。此外，这种模式为我们提供了进一步的信息，包括如何设定目标、设计教学计划、训练具体的技能、评估干预进展等。总之，很多证据表明这种综合的方法很有效。

### 自闭症关键反应训练法

关键反应训练法（PRT）是一种干预的模式，它的目的是帮助自闭症谱系障碍儿童在包容的环境中学习和成长，这样他们就能够像正常发育的儿童一样，能够很好地利用学习和空闲时的机会。这种方法的基本理念是，儿童可以掌握社会性发展的核心技能，这些技能可以使儿童在面对多种环境和不同的人时产生行为上的改变。因此，关键反应即这样的一些行为——一旦儿童掌握了它们，就会对儿童的行为产生广泛的影响。例如，自闭症谱系障碍儿童在自我驱动方面存在困难，也就是说，他们在日常生活中很少主动发起互动，来请求帮助、要求做游戏、作出评论、澄清需要和指令等。如果把自我驱动作为一种关键行为，使用关键反应训练法训练儿童的自我驱动，可以帮助儿童在面对多种环境和不同的人时，保持一致的行为和反应。这种新学习到的行为能够帮助儿童在各种日常活动中有更多的参与和互动。

关键反应训练法是一种使用应用行为分析的原则进行干预的发展性疗法（Koegel & Koegel, 1995; Koegel, Koegel & Camerata, 2010）。干预者需要根据儿童目前的发展水平，以及在不同的环境中期望儿童做出的表现，来设计干预计划。以这类信息为出发点，干预者安排好与儿童的互动及环境，以便创造更多的机会实施"刺激—反应—强化"这一训练过程，这也正是应用行为分析的根本过程。就这一点而言，学习机会被嵌入儿童的日常生活中，而不是强加给儿童一个不真实的学习环境。例如，如果目标是训练儿童提出请求，传统的应用行为分析方法会利用行为分解训练技术，让儿童练习跟随干预者给出的线索（刺激），提出请求，然后接受强化，如在完成了一系列多样的训练之后得到食物或贴纸。这样，儿童就可能在这种情境下掌握提出请求的过程，但是我们不能确定儿童在自己的日常生活环境中是否也能提出请求。如果使用关键反应训练法，干预者则会在一个地方放一样儿童希望得到的物品（如玩具或零食），但是儿童够不到它们，然后教儿童要提出请求才能得到这样物品。一旦儿童提出了请求，就能得到这样物品（还可以玩玩具或吃零食）。在这种情况下，关键反应训练法会选择自然的环境和儿童的特定喜好作为刺激物和强化物。这样，儿童学会请求的一系列过程并能在新的复杂环境中使用新技能的可能性将会大大增加，因为儿童已经知道自己的行为可能导致他人行为的改变。也就是说，自己可以通过请求得到想要的东西。

关键反应训练模式中不包括针对自闭症谱系障碍儿童的特

殊课程，也就是说，这种方法希望通过普通教育课程指导儿童的学业发展和社会化学习。这里需要强调的是训练方法与课程内容的关系。关键反应训练法利用自然环境进行训练与学习，因为儿童平时也必须在这样的环境中应用新学到的知识和行为。利用儿童的偏好来引导学习机会，这样干预者们就可以控制环境，来促进儿童进行新的学习。儿童表现出的任何适当的反应都会被强化，这样儿童就会保持与他人交往的积极性。另外，在特定的环境中，玩具和活动能激发所有儿童的积极性，因此，使用玩具和活动就可以让正常发育的儿童和自闭症谱系障碍儿童共同参与到游戏中，并进行社会互动。成年人通过对儿童的谈话、请求和助人行为表示支持，来促进儿童的社会互动。这样，自闭症谱系障碍儿童就会感到社会互动中的乐趣，并且他们在互动中可以增加学习新游戏和活动的机会。如果儿童要参与一项新的活动，干预者们就会做一些准备，使用一些技术来回顾这项活动，并且在现实的经历发生之前就先让儿童做出一些相关的练习。

关键反应训练法的一个重要部分是要教会父母怎样实施干预策略，这样他们就能在儿童的日常生活中创造学习机会。另外，父母在家里实施关键反应训练法时，儿童和父母也能互相学习。父母可以学习到哪些活动和物品能对儿童产生强化作用，并且有机会检验一些新的活动和玩具是否能引起儿童的兴趣。父母可以和其他干预者定期沟通，这样所有的人都可以一起努力拓宽儿童的世界，使他们更多地参与到适合自己年龄的活动中去。通过这种方式，非功能性的游戏和重复的活动就会被日常功能性的游戏和其他适当的活动所取代。

在关键反应训练法中受到训练的父母，可能比没有接受过训练的父母有更大的收获。进一步说，接受过专业训练的助教，例如接受过使用关键反应训练法促进社会互动的相关训练，可能比没有接受过训练的人在实施干预时更加有效。迄今为止，这种模式定义了5种对儿童学习产生广泛影响的关键行为：动机、自我驱动、对多重线索的反应性、自我管理和共情。由于许多自闭症谱系障碍儿童和他人进行互动以及参与适合自己年龄的活动的动机很弱，把动机作为一种关键行为，可以处理这些问题并增加儿童参与更多活动的可能性。考格尔（Koegel）、弗农（Vernon）和布鲁克曼-弗雷齐（Brookman-Frazee）（2010）推断，自闭症谱系障碍儿童在起初与他人交往时是有一些动机的，但是由于他们不会利用相关的方法和手段，他们发起的行为没有得到他人的参与和鼓励。因此，随着时间的推移，儿童进行互动的动机就减弱了。"关键反应训练法的焦点在于，通过加强儿童的反应和其强化物之间的联系，来减少儿童出现习得性无助的可能性"（p. 328）。关键反应训练法中包含了提高动机的技术，例如由儿童选择活动、任务的多变性（使儿童保持对活动的兴趣）以及使用自然强化物等。

训练儿童的另一种关键行为——自我驱动，可以促进儿童维护自我权利，并增强儿童与他人的互动。由于儿童不知道应该以怎样的方式与他人沟通自己的想法和需要，他们会感到不安；但如果他们学会了怎样提出自己的需要，他们的破坏行为就会减少。此外，儿童自我驱动的程度也可以预测他们将来的长期表现（Koegel, Koegel, Vernon, et al, 2010）。

自闭症谱系障碍儿童可能会表现出对刺激的过度选择，也就是把注意力过度集中于与目标或活动（刺激）不相关的细节，这样就阻止了他们对于正确反应的学习。例如，一名儿童可能在任何环境中都会被钟表或手表所吸引，而把其他环境线索排除在外。在处理这种对刺激的过度选择问题时，我们应该训练儿童对多重线索的反应性，以此作为一种关键行为。儿童需要学习在特定的情境中观察和整合多重线索。注意多种元素可以使儿童减少执着于无关信息的可能性。

自我管理，即让儿童在执行新学到的行为时承担更大的责任。如果在课堂上提问题是自我管理的目标技能，那么儿童就要学习通过手腕计数器、清单、掌上电脑或手机来跟踪记录自已在课上提问的频率。计算频率是其中一种测量方法，如果要学习其他更复杂的技能，就可以使用其他更复杂的测量方法。我们可以在手机上使用 iPrompt 应用程序，建立视觉日程表。这样，年龄较大的儿童就能记住在学校所要进行的一系列日常活动，可以选择所需材料完成作业，并准时赶上校车等。训练儿童进行自我管理，可以减少儿童对于来自成年人的外部提示的依赖性。

最后，共情也是一种关键行为，如果儿童学会了共情，就能增加与同龄人交往的机会，也更容易被他们所接受。干预者要明确地教育儿童，使他们能够识别他人通常在什么情况下需要共情性的回应，并使他们学会理解他人和用语言回应这些情况的方法。考格尔和考格尔（2006）提出，有一些自闭症谱系障碍儿童是具备共情能力的，但是除非我们可以清楚地向他们描述别人会感到痛苦的一些情境，否则他们不具备识别这种情境的技能。另外，我们还需要训练儿童向他人表达适当关心的能力。

丹佛早期教育模式和关键反应训练法是两种综合干预模式，它们把本书第 5 章中所描述的许多教学策略合并了起来。像这样的综合模式最强调的就是从发展的角度理解儿童，而且干预要针对自闭症谱系障碍儿童所有方面的损伤。大多数时候人们会把社会功能误解为仅仅包含个体出于娱乐或个人满足的目的而维持社会关系的能力。虽然它确实包含这一部分,但社会功能其实涵盖了我们日常所做的所有事情,它对于人们充分参与活动、独立生活和经济上的自给自足都是非常必要的。

第 3 章

整合：有效干预的关键

如果关键部分没有得到很好的整合，那么精密的干预计划就会出错。这也就意味着整个团队必须像一个完整的功能单元一样运作，其中包括共享对儿童的理解、确定社会目标以及实现这项目标的途径。通过这种方式，儿童可以获得更多关于持续社会互动的理解，同时也能更好地理解社会互动和友谊是如何进行的。从某种程度上来讲，通过运用整合的干预方法训练儿童的社会能力技能和行为，要比训练儿童其他技能更加重要。试着用这种方式思考：自闭症谱系障碍儿童挣扎着生存在一个看起来支离破碎的世界，这是因为当他们尝试学习技能或是试图解决问题的时候，无法对视觉和听觉线索以及言语和非言语情境线索进行整合。许多自闭症谱系障碍儿童关注于细节而不是把握全局，这种偏好降低了他们对事物和世界的理解。由于社会信息随着时间和空间的变化是复杂、多变的，所以解决社会问题要比解决其他种类的问题更加困难。比如，一名在公立学校的正常班级就读的七年级学生，必须要学习哪些行为是课堂上可以接受的，哪些行为是更大的校园环境中可以接受的，因为这二者是有区别的。如果我们要帮助儿童发展社会能力，那么我们必须将他们世界中的社会信息片段建立起联系，这样会比他们自己领悟得出更加全面的结论。

事实证明，提供综合治疗要比它听起来更加复杂。首先，我们必须理解以下几点：

1. 儿童的学习概况，其中包括儿童现阶段的社会和适应功能水平以及认知和语言概况（以标准测验的结果作为依据）；

2. 家庭问题；

3. 适合儿童的学习目标；

4. 教学计划和迁移能力；

5. 测量干预进展的方法。

其次，我们需要一个明确的计划去建立合作关系，使儿童干预团队中的每个成员都能够参与持续的沟通。在这种情况下，这个团队应该包括儿童的父母、普通教育老师（如果有）、特殊教育老师、一名学校管理人员和其他专家，比如语言病理学家或职业治疗师，同时也包括儿科医生、心理健康顾问、家庭顾问和其他社区服务者。

举个例子，一名三年级的自闭症儿童，尽管他的智力高于平均水平，但是依然无法忍受在学校的每一个活动中都要排队等候或者自己不是第一个参与的人。当他不得不等候或无法第一个参与的时候，他的反应会经历从愤怒到抱怨这样一个完整的发脾气过程。其他同龄人都躲避他，这是因为他们能够感知到他的以自我为中心以及幼稚的行为。当他试图去发展友谊的时候，他没有办法将自身的困难行为与社会孤立建立联系。老

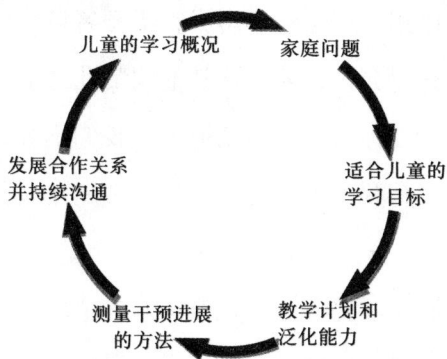

图 3.1 有效干预的关键组成部分

师和职业治疗师可以定期对儿童展开干预，强调儿童与同龄人和成年人的合作，这样才能使他们更好地得到社会认可，不过这种方法只能产生一部分效果。他们教会儿童等待和容忍不满的策略，这虽然会起到一定的效果，但是儿童不会在学校的日常情境中运用这些策略。因此，我们还需要让儿童在自己经历的每一个情境中进行广泛的、策略性的练习，并且每天都要练习。每一个与儿童互动的成年人——包括父母、体育老师、操场管理员、音乐老师、语言治疗师、学校图书管理员、学校心理教师、副校长以及资源教室的老师——他们都需要了解儿童的困难，并且积极地帮助他们练习更多的适应性技能。这些成年人充实了儿童的核心干预团队（见第 6 章）。成年人可以让其他儿童也参与到目标儿童的实践练习中，这样可以增强对目标儿童的强化作用。在学校环境中，干预者可能需要从目标儿童的父母那里获得允许，才会让其他同龄儿童参与进来，但是由于同龄儿童对目标儿童的帮助很大，我们不难说服父母同意这一点。这样做有利于提升儿童的社交技能及改善儿童被社会接纳的程度。

本章简要描述了整合性干预方法的各个部分，具体内容在后面的章节里会更详细地阐述。这里值得我们注意的是，如果不使用协同性的干预方法，那么干预进展可能是参差不齐的，干预效果的持续性也可能较弱。

## 了解儿童的学习概况和现阶段功能水平

在制订任何解决自闭症谱系障碍儿童社会学习问题的计划之前，整个干预团队必须详细了解儿童的社会和适应功能水平以及关于儿童学习概况的综合信息。理解这些信息的最佳方式，是把利用标准化评估工具的测量结果和父母及专业人士对儿童的观察和印象结合起来。这就包含了对儿童一系列功能的评估，这些功能涉及儿童的日常活动、社会行为和适应不良行为。这为整个团队提供了一个确定目标和发展行为目标的出发点。当我们设计策略来训练儿童的社会行为时，对上述问题的深刻理解可以帮助我们更好地进行干预。

文兰适应行为量表（Sparrow, Cicchetti & Balla, 2005）和广泛性发育障碍行为量表（Cohen & Sudhalter, 2005）是两种对自闭症谱系障碍儿童的适应功能和社会功能的有效测量工具。它们的优点是可供父母和老师填写，这样就可以把从多种视角得到的信息收集和整合在一起。我们没有必要期望老师与父母填写的结果是一致的，因为所有的儿童都会在不同的环境中、与不同的人接触时表现出不同的行为。一般情况下，我们不能说一种评估结果会比另一种更有效。事实上，通常使用行为测量的方法对儿童进行评估时，结果都显示出很低的一致性（De Los Reyes & Kazdin, 2005）。因此，这种不一致性是在我们预料之中的，而且我们可以从这些差异中挖掘出线索，帮助我们理解为什么儿童在某些情境或特定任务中表现得好，而在另一些情境或不同的任务中表现不佳，以及他们如何做到这一点。这些信息是理解一些其他问题的关键，如为什么儿童的某些能力和行为会在其他情境中迁移，另一些能力和行为则不会出现迁移。

文兰适应行为量表可以可靠和有效地测量 2 到 90 岁个体的适应功能（Sparrow et al, 2005）。其评估结果可以帮助我们比较个体和其他同龄人在各方面功能上的差异，包括沟通、日常生活、社会化以及运动能力等方面的差异。对上述各个领域，文兰适应行为量表都会提供一个标准化得分，它反映了个体与正常发育的同龄人之间功能水平的差异。另外，每个领域下还包括3个子领域，它们详细描述了各种能力和困难的相关信息。例如，社会化领域包括3个子领域：人际关系、游戏和娱乐能力、应对能力。对这些子领域的评估可以为我们提供精细的信息，指出儿童在社会化过程中的优势和弱点，这些信息可以为选择目标和发展行为目标提供基础。此外，文兰适应行为量表能测量适应不良行为，这可以用来解释为什么拥有与年龄相适宜的积极行为的个体会在日常生活中出现功能障碍。

文兰适应行为量表可以用于父母访谈、父母评价或教师评价（Sparrow, Cicchetti & Balla, 2006）。这几种形式都是有效、可靠的。其中，父母访谈的形式尤其实用，因为访谈者能够与父母形成一种良好的关系，这有助于促进治疗关系的发展。另外，在对日常生活进行详细讨论的过程中，父母可能会对自己的孩子及其在发展上存在的困难产生新的理解。一些父母对于典型的发展过程理解有限，因此他们可能无法鉴别出自己孩子的损伤程度。还有一些父母对于自己的孩子期望过高，这是不合理的，可能会导致父母的要求与儿童的表现不匹配。此外，一些父母已经非常习惯儿童的行为问题，如攻击行为等，因此他们并不把它看作异常行为，认为不需要进行干预。一位母亲可能会报告说她 6 岁的儿子表现相对较好，然后就会透露她的儿子每天会发 5 次脾气，每次 20 分钟。她每天想尽各种办法来控制他，并且避开公共场合。在这种情况下，这位母亲已经习惯了她儿子的这种表现，她并不认为这种表现是超乎寻常的。

文兰适应行为量表的另一个优点是，它非常注重评估那些与社会发展有关的正常行为（Sparrow et al, 2005）。该量表的第二版中包含基于自闭症谱系障碍群体的常模信息。当我们为自闭症谱系障碍儿童设计干预计划时，文兰适应行为量表可以帮助使用者思考，如何把目标儿童与具有相似障碍的其他儿童进行比较，从而评估他们在特定功能领域上的差异。

广泛性发育障碍行为量表是一种有效、可靠的工具，它可以提供个体在不同功能领域的标准化得分和总分（Cohen, Schmidt-Lackner, Romanczyk & Sudhalter, 2003）。这一工具聚焦于自闭症谱系障碍儿童的核心损伤以及与此相关的其他困难（如攻击行为）。另外，这一工具还可用于评估干预过程中的行为改变。它是较早出现的、使用精细的方法评估广泛性发育障碍个体的社会沟通损伤的严格的心理测验。它所评估的个体领域包括：感觉和知觉趋向行为；改变行为的方法和阻力；社会语用问题；语义和语用问题；觉醒机制问题；特定的恐惧；攻击性；社会趋向行为；表达性语言；以及学习、记忆和接受性语言。广泛性发育障碍行为量表的各个领域都需要计算总分和自闭症总分。

总之，广泛性发育障碍行为量表和文兰适应行为量表（第二版）都为我们提供了有关儿童日常行为的综合信息，这可以帮助干预团队的成员理解儿童的日常功能。举例来讲，干预团队可以明确以下信息：

· 儿童在自理能力上的表现，如穿衣服、上厕所、在公共场合吃饭等，是否能达到与同龄人相近的水平？

· 儿童是否具有行为问题（爆发）或一些不寻常的行为，使儿童远离同龄人？

· 儿童是否喜欢与同龄人互动？

· 儿童会主动接近还是忽视其他儿童？

· 儿童发起游戏的行为是否是合适的？

· 儿童是否知道如何回应他人的游戏邀请？

· 儿童是否懂得如何做游戏或参与到同龄人的活动中？

· 儿童是否懂得遵守秩序、规则以及和他人分享物品？

· 儿童是否能理解非言语线索和非字面语言？

　　一旦干预团队的成员综合把握了儿童的适应和社会功能水平，接下来要做的就是获得有关儿童学习概况的信息，包括认知和语言概况。对于认知概况，团队中的心理学家需要从大量可用的标准化工具中挑选出最合适的一种，来测量儿童的发展水平、智商或概念化能力。我们需要根据哪种测验能提供有关儿童的最详细信息，来选择特定的测验。因此，进行认知评估的心理学家可以很好地帮助教育团队的成员理解，儿童认知水平的高低起伏是如何影响其学习能力的。例如，一名儿童在视觉材料的帮助下，也许可以很好地完成推理任务，但如果我们要求儿童只根据听觉信息进行推理，儿童可能表现很差。又如，一名儿童可能在学习新知识时表现出很强的机械记忆能力，但却几乎不能运用灵活的策略来处理信息，以得出新的结论。

　　自闭症谱系障碍儿童在执行功能能力上具有损伤，包括组织信息的能力、计划活动或系统学习的能力、修正无效学习策略的能力，或者在问题情境中延迟冲动反应的能力（Tsatsanis，2005）。了解了这些信息，教育团队就可以检验已选择的干预策略是否吻合特定的目标，这些目标是根据儿童特定的认知概况而确立的。

　　除了认知方面的优点和不足，自闭症谱系障碍儿童在语言和沟通方面也存在优势和不足之处（Klin, Saulnier, Tsatsanis &

Volkmar, 2005）。同样，干预团队中的语言病理学家会根据儿童的沟通问题，从大量可用的语言测验中选择合适的标准化量表。语言病理学家对评估结果进行解释，可以帮助团队成员了解儿童是如何理解和使用语言的。

语言使用中所出现的问题比看上去要复杂得多。自闭症谱系障碍儿童在理解和使用语言方面存在明显损伤，这些损伤比父母或老师想象的要严重很多（Tager-Flusberg, Paul & Lord, 2005）。我们经常会听到一些父母说，他们的孩子"明白所有事情"，但就是不遵照父母的要求。我们在耶鲁的临床工作中一般会发现，儿童会依靠家庭情境中的常规和可预测性来遵守父母的要求。因此，尽管实际上儿童对语言的理解非常有限，但是他们依然能够在家里或熟悉的情境中表现较好。父母和老师可能会误以为儿童的能力远比看上去要强，这是因为大多数对儿童的要求都发生在熟悉的情境中。儿童会根据以往的经验作出反应，而不会加工新的信息。只有通过正式的语言评估，我们才能确定儿童的语言理解和使用水平，这样的评估将会超越接受性和表达性词汇测验。语言病理学家可以为团队成员提供许多信息，包括儿童的接受性和表达性语言、语法和句法的正确使用、理解能力以及对沟通语用的理解等，而沟通语用则涵盖了儿童理解轮流谈话、紧扣话题、解释非言语线索的能力。

这些可以帮助儿童掌握谈话者和话题的相关信息及其他细微差异，并使他们学会进行流畅的交谈。这些信息可以指导我们如何把新知识教给儿童，以及如何制订语言学习的新目标。

在社会语言学习的过程中，还有一点很重要，即个体建构叙事的能力，也就是说个体能够讲出一个有关自己经历的故事，包括自己做过的事、看到的事或打算做的事（Loth, 2008）。正如第 1 章中所描述的，这是一种使用语言来排列信息的能力，例如，"首先我这样做，然后那样做"，这为个体创造了一个记录和理解过去经历的模板。当儿童具备了这种能力，他们就可以预测生活中可能会发生的事情，也可以意识到自我和世界。自闭症谱系障碍儿童在建构抽象故事时存在一定的困难（Loth, 2008），这会使他们的世界混乱而不可预测。因此，我们需要使用正式的评估和非正式的方法来测量儿童的叙事能力。

## 相关家庭问题

通常家庭内部或者家庭与专业人员之间可能会出现一些冲突，这些冲突一般是关于怎样理解儿童、儿童的真正需要、最佳的干预方法以及准确、有效的测量干预进展的方法。这些冲突的来源可能是孩子做得怎么样或者孩子能做什么或能学什么。出现这些冲突的主要原因，可能是家庭与团队成员对于儿童的学习能力、儿童能做什么事、能做到什么程度意见不一致。通常，这种不一致的意见可能发生在相互不信任的家庭和团队成员之间、接受过不同训练的专业人士之间或者家庭成员和非家庭成员之间。儿童干预团队的所有成员，都要应对来自整个群体的压力，这些压力一般是关于如何教养、训练和干预儿童。另外，所有成员还要处理好对儿童进步的期望。这些因素都会影响到整个团队的运作，并且最终会影响到儿童在社会能力发展方面的表现。这些问题将在第 6 章中进行详细的阐述，我们需要十分重视它们，因为在制订儿童的干预计划时，这些潜在的问题很可能会出现在我们意料之外。

## 社会化学习的目标

干预团队应该制订一个最适合儿童的社会化学习目标，这就需要先明确儿童需要学习或改善哪些行为，使其能力尽快达到与年龄相适应的水平。要完成这一过程，我们首先应该清楚地理解正常儿童的发育过程（如第 1 章中所述），以此为基础，我们就可以根据自闭症谱系障碍儿童的现阶段发展水平和同辈团体的期望来制订合适的目标。我们要全面地理解儿童的基本技能（图 1.1），因为以这些技能为基础，儿童才能发展出更复杂的社会行为。如果没有对此全面的理解，可能就无法帮助儿童把新的社会行为很好地整合到自己的社会技能系统中，这些行为可能会显得虚伪，使儿童被同龄人疏远，无法被接受。在自闭症谱系障碍儿童的干预中，我们试图训练他们一系列的技能，这些技能在图 3.2 中列出。

进一步讲，如果儿童出现反常、消极或破坏性的行为，我们必须要以改变这些行为作为目标，使儿童发展积极的社会行为。具有反常行为或困难行为的儿童，会在同龄人之间形成不好的名声，这种名声非常难以消除。干预者越早全面地处理这些行为，儿童融入同龄人社交群体的机会就越大。反常行为包括机械的习惯动作或复杂的刻板行为，例如摇摆、踱步、旋转或其他不寻常的身体姿势。另外一种重复的行为习惯，表现为向成年人或同龄人重复提问或作出评论，这些话可能会使别人感到困扰。当儿童感到紧张或无所适从的时候，就会出现这种重复行为。虽然这种行为通常对儿童自身无害，但却会使其背上污名，导致同龄人回避与其进行互动。

让我们来看一些例子。克洛伊是一名五年级的女孩，她倾

- 注视交流对象
- 对他 / 她的名字作出反应
- 与他人建立联系
- 模仿他人
- 识别面孔和面部表情
- 与他人分享自己的情绪状态
- 解释声音和语调
- 使用非语言沟通策略
- 表明自己的喜好
- 对共同注意作出反应
- 发起共同注意
- 使用近似词汇
- 玩因果玩具
- 与他人玩平行游戏 / 装扮游戏
- 问候他人
- 遵守规则 / 按顺序进行游戏
- 发展出适合自己年龄的自我主张能力
- 与他人一起象征性地玩玩具 / 假装与人玩游戏
- 发展叙事能力
- 理解个人界限
- 发起社会联系
- 在没有提示的情况下向他人提供帮助
- 学着不作出不合适的评论
- 进一步发展进行装扮游戏的能力 / 练习角色扮演
- 与成年人或同龄人谈论他们感兴趣的话题
- 成功地与他人交谈以解决简单的冲突
- 理解他人根据环境来解释规则的需要
- 理解自己和他人的隐私原则
- 理解自我情感 / 调节行为
- 理解什么样的行为是适合自己的性别和年龄的 / 成功地与他人讨论关系
- 理解演讲和习语的大概意思
- 独立整理自己的外貌
- 应对他人的嘲笑
- 发展自我监控能力
- 对于自己的优点表现出适当的谦虚
- 应对他人的拒绝
- 按照指示道歉
- 对他人和活动作出合理的判断
- 正确地表达情感
- 正确地管理与成年人之间的冲突
- 管理自己的时间和工作责任

图 3.2　通常作为干预目标的技能

向于对班级里的其他女孩作出重复性的评论，赞美她们的衣服或幽默的行为。虽然赞美别人是一种积极的社会行为，但是如果克洛伊表现得太过频繁，就会显得虚伪和机械化。最初，同学们都能给予她积极的回应，但后来他们会逐渐忽视她的话，或者反过来嘲笑她。当被忽视时，克洛伊就会提高评论的频率，导致同学们更多的负面回应。克洛伊体会不到同学们的回应具有讽刺意味，反而会积极地与他们互动，这样同学们会变本加厉地嘲笑她。虽然克洛伊在训练中学会了一些积极的社会行为，但她仍然无法区分出什么时候行为是适当的，什么时候行为是过度的并会给他人带来困扰。如果不实施进一步的干预，她可能还会继续在发展同辈关系方面存在困难。

在这种情况下，教育团队应该设计一个计划，帮助克洛伊记录自己作出评论或提问的频率，并和她一起设定一个指标，即什么时候她必须停止说话。干预者可能需要帮助她学会识别自己是否打扰到了别人，并且要教她一些策略，使她能识别出他人的批评性言论并作出适当的回应。这需要大量的训练，但这对于帮助克洛伊被社会所接纳、进行持续的社会交往很重要，这与学习新的积极社会行为是同样重要的。

让我们来看第二个例子。本是一名自闭症谱系障碍儿童，学校的老师发现，当本看到其他儿童受到伤害或大哭时，他就会大笑。其他儿童注意到了本对他们的回应和言论是没有同情心的。他们认为本不关心别人，因此开始孤立他。成年人在解释本的这种行为时，会说这是因为他"有自闭症"。当他们看到本大笑时，他们会告诉本"这是不对的"并通过这种方式来纠正他的行为。一些老师甚至告诉其他学生本不能理解这种特定的情境。这些方法虽然有一定的效果，但是还远远不够。

与同龄人相比，本对他人的共情能力较差，解读他人面部表情的能力也较差。另外，他的观点采择能力也很弱，因此他无法识别其他儿童的痛苦程度，也不知道自己的行为在他人看来是消极的。同时，实际上本喜欢其他儿童，也希望跟他们交朋友。

在这种情况下，我们需要加强干预。本的干预团队必须要考虑，他缺乏哪些基本的社会理解和行为，使得他做出了不适当的社会行为（图3.3）。如果只是简单地压制本的不适当行为，而不帮助他学习适应性更强的行为，那么干预的价值是很有限的。开始干预后，本可能要与成年人进行一对一的训练，通过照片或图片学习识别不同的面部表情。为了促进他理解的迁移，这些图片需要包含婴儿、幼儿、少年、青年和成年人的面部表情。本还可以与成年人一起学习识别同学们在学校环境中的面部表情。干预者要明确地训练本，使他懂得面部表情传达了怎样的

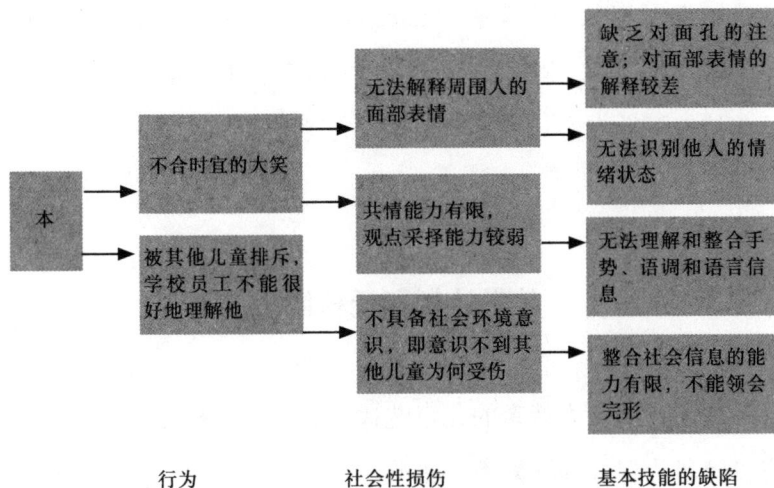

图 3.3　本的行为的出发点和结果

线索，学习从中看出他人的感觉，并作出适当的行为反应。作为干预的一部分，本还要学习同学之间、学生和老师之间通常如何相处，并且要详细地学习为什么大家会表现出这样的行为。帮助本在环境中寻找多重线索，可以使他对社会情境作出准确的解释，这一点十分重要。其他儿童正在做什么？干预者需要对本的学习进行强化并在学校中建立情境帮助他练习，促进他的社会性发展。父母也可以参与到干预中，支持本在这样的情境中学习。

在开始选择适当的发展性目标时，干预团队必须识别儿童在社会行为和情绪化行为上的不足，并了解正常发育的儿童会依靠哪些基本技能来支持自己的特定能力（图 1.1）。基本技能包括感官学习、情绪调节、接受性和表达性语言理解能力等，这些技能可以支持儿童更复杂能力的发展。

## 教学计划和迁移能力

当干预团队为特定的儿童选择社会学习目标时，一定要注意设计行为目标和开发教学策略。在学校环境中，对儿童的干预目标的设计一般被称为个别化教育计划。图 3.4 显示了一个示例部分，列出了儿童的干预目标。

干预中的挑战是将目标转化为需要学习的技能和行为，并选择最适合儿童的干预策略。本书的第 4 章描述了这一过程，而第 5 章包含了更多关于实证策略和最佳做法的信息，它们可以帮助儿童学习新的技能，促进他们的社会性发展。我们无法对所有儿童进行同样的干预；目前有关干预的文献只为我们提供了有限的信息，我们很难确定什么样的方法对于一名儿童是有效的。干预者必须根据自己对儿童的全面理解、过去使用的干预策略的效果以及有关自闭症谱系障碍的知识，来设计或选择一个适当的干预方案。

| 学生 弗兰克 | | 出生日期 2004.8.19 | |
| --- | --- | --- | --- |
| 地区 萨福克 | | 日期 2010.5.10 | |
| 可测量的年度目标 | 弗兰克在休息时间加入同龄人的活动 | 评估步骤 | 评估日期 |
| 目标1 | 弗兰克将在每周5次的休息时间里，发起3次与同龄人的谈话 | 弗兰克每天向老师进行自我报告。操场管理员记录弗兰克发起谈话的时间、对象和对话长度，每天向老师报告。 | 2010.6.10 2010.6.30 2010.9.10 |
| 目标2 | 弗兰克至少要和一位同龄人一起做游戏，每周一次。 | 由特殊教育老师进行直接观察。 | 2010.6.10 |
| 目标3 | 弗兰克在与同龄人的互动中，要使用适当的语言 | 由特殊教育老师进行直接观察，操场管理员记录弗兰克所有不适当的语言。弗兰克要进行自我监控并向特殊教育老师报告。 | 2010.6.10 |

**图 3.4 个别化教育计划实例——干预目标列表**

让我们来比较两个场景。学校的老师注意到，约翰课间休息时在操场上被其他人孤立。约翰是一名10岁的儿童，他大部分时间都在资源教室里学习文化课。他具有轻度的智力缺陷，他的接受性和表达性语言能力要低于他的智力程度本应具有的能力。约翰平时和同学们一起上美术、音乐、体育和计算机课，一起课间休息，在这些时间里都有一名助教跟着他，帮助他适当参与这些活动。在休息时间，约翰更喜欢沿着操场周围走路，除非他的助教安排他参与一些游戏活动，如捉迷藏。约翰会参与游戏，而其他儿童也会容忍他的加入，但是这不会使他和其他儿童之间产生持续的或有意义的互动。

在约翰的个别化教育计划中，一个社会性发展目标是"在每次课间休息时，参与并维持10分钟与同龄人的游戏"。学校的社会工作者会选择一个关于和其他儿童一起玩的社会故事，并在连续一段时间的一对一会话中，将这个故事读给约翰听。在这个故事中，一个男孩会走近同龄人，并询问能否一起玩（"我可以和你玩吗？"）。同龄人非常欢迎，并邀请他加入。社会工作者问约翰想不想像这个男孩一样做，约翰说他可以，并会试着去做。

当约翰尝试运用他新学到的策略时，社会工作者会观察他的表现。在操场上，约翰试着走近一个充满活力的女孩，她正在组织大家捉迷藏，但约翰似乎没办法引起这个女孩的注意。游戏开始后，约翰尝试着参与进去，但是其他儿童都不知道他正在参与游戏，因此会忽视他。约翰在课间休息时一直到处跑，但是他并没有真正参与到游戏中。他似乎有些高兴，又似乎很困惑，他不知道自己是否真的参与到了游戏中，直到休息结束。

由于约翰的多次失败，他的干预团队成员变得有些气馁，但是他们很快意识到，由于约翰的语言能力较弱，他无法快速地与操场上游戏的领导者进行交流。因此，他需要另外一个策略去帮助他参与游戏。但干预团队成员不确定该使用怎样的策略。在这个案例中，约翰的干预团队寄希望于他知道怎样玩捉迷藏，因为他曾经在助教的支持下玩过捉迷藏。尽管约翰具有较强的社会兴趣，但是如果想要在游戏中有一席之地，他还需要更加熟练的口头表达能力。

另一个策略或许对约翰有帮助，即让他与一名同辈辅导者配对，这名同辈辅导者要同意在课间休息时帮助约翰参与到游戏中。这名同辈辅导者必须接受过一定的专业训练（见第5章），能够扮演好这个角色，并且坚信通过她的努力能够使约翰成功地参与到游戏中。同辈辅导者需要向约翰和其他参与游戏的儿童提出明确的指令，让大家知道约翰参与了这个游戏，当其他儿童采取措施让约翰参与进来时，同辈辅导者要给予大家支持。其他儿童在同辈辅导者的带领下，开始让约翰和大家一起参与这个游戏及操场上的其他游戏。在这个班级中，大家在课间休息时形成了一种常规，即同学们能够理解约翰在独立参与活动时存在一定的困难，因此大家会共同帮助他，使他参与到游戏中。

在这种情况下，社会故事的方法值得一试。不过，这种方法需要约翰具有较强的语言理解能力，而且需要他能掌握大量有关参加游戏策略的信息，并把它们应用到快速变化的环境中，这对于约翰来说具有很大的难度。考虑到他的认知和沟通能力有限，他也许无法通过独立地和别人商谈而加入到社会情境中。显然，他需要成年人和同龄人持续的支持。

在第二个场景中，一名叫尼克的男孩，其认知能力高于平均水平，正式语言能力处于平均水平，他在课间休息时会在操场上被孤立。当其他儿童进行各种游戏的时候，尼克往往只能沿着操场绕圈走。有时，尼克尝试接近其他儿童并与他们进行交谈，但是他的谈话主题很不同寻常——比如电磁传感器或制动器，其他儿童一般会避开这类话题。尼克的教育团队希望看到他与其他儿童有更多的接触，但是不知道该怎么实现这个目标。

尼克的团队希望通过一到两个同辈辅导者的加入，来帮助他参与课间休息时的游戏。他们选择了两个男孩，他们愿意并且能够帮助尼克，并接受了专业的训练，学习帮助尼克在课间休息时加入游戏。尼克同意在休息时和他的同辈辅导者待在一起，特殊教育老师也告诉他不要和其他男孩讨论电磁传感器这类话题。尼克与老师争论了几次之后，还是同意了这条规则。

尼克和他的同辈辅导者会在课间休息时一起做游戏，尼克也可以和其他儿童一起玩捉迷藏或其他的游戏。到目前为止，干预似乎是成功的。然而，尼克的团队发现，其他儿童虽然让尼克参与游戏，但是直到游戏结束（当排队进教室或者找座位吃午饭的时候）都不和他进行交流。尼克的同辈辅导者似乎有些厌倦他，操场上的游戏一结束，他们就不再与他进行任何互动。尼克试着与其他儿童谈论视频或电视节目，但是他的言论似乎有点无聊，而且他倾向于重复相同的话。尼克注意到了其他儿童对自己的忽视，因此他增加了说话的频率，最终陷入了一个关于荧光灯传感器的独白中。虽然大多数儿童都和尼克保持距离，但有些儿童开始嘲笑他。这时，尼克的同辈辅导者也开始彻底回避他。

在这种情况下，我们应该明确地告诉尼克，在和别人相处的时候不要谈论他感兴趣的电磁学，同时也要教他可以谈论什么以及怎样谈论。尼克需要与一位成年人进行一对一的练习，在练习中要选择他和同龄儿童感兴趣的话题。这样的教学应该从关于主题的简单规则开始，如轮流对话，教学中应包含提问、回应评论、详细阐述主题等过程。在这种情境中，学习什么时候需要保持安静也是非常重要的。为了评估尼克取得了哪些我们所期望的进步，干预团队必须要考虑，尼克能否领会到谈话不仅仅是信息交换的过程，还是发展和他人情感联系的一种方式。在教学时，这是一个非常抽象的概念，自闭症谱系障碍儿童在理解这一概念时比较困难。

在游戏中还有一个问题，即尼克在感到焦虑或不知道该做什么的时候，他常常会谈论那些不寻常的话题。在操场上，当他模糊地意识到自己的言论对于互动没有什么帮助时，他会开始那些让他感到安全的话题，但他没有领会到这些话题对于同龄人来说有多么奇怪。因此，尼克还面临着观点采择和理解适合自己年龄的话题等方面的挑战。我们需要先对这种行为进行干预，然后再训练尼克如何维持与同龄人之间谈论大家普遍感兴趣的话题。尼克必须要学会监控自己的情绪状态，使他能够意识到自己的焦虑。如果尼克能够发展对于内部状态的自我意识，那么他就可以采用特定的策略来缓解焦虑，而不是使用那些无用的方式（即电磁传感器。见第 5 章中的"认知行为疗法"部分）。在这个案例中，帮助尼克在操场上发展社交技能，比教他一些基本的互动规则或让同辈辅导者帮助他参与游戏更加重要。我们可以看到，干预过程是非常复杂的，在实施干预时需要周密的计划和练习。

## 评估进展和制订新目标

儿童的干预团队在制订个别化教育计划时，要确定年度目标并记录儿童在目标上所取得的进展。IDEA 2004 不再要求特定的行为目标或干预进展的标准化 (Wright & Wright, 2004)。另外，干预进展不一定是量化的，但必须是可以通过前文中提到的工具进行测量的。这是关于自闭症儿童在社会目标测量上一个有趣的进步。在测量自闭症谱系障碍儿童的社会目标干预进展方面，这是一个有趣的变化。从某种程度上讲，这是一把双刃剑。我们应该把年度目标表达为"海伦每周要在休息时间进行 3 次与同龄人的交谈"，还是应该说"海伦要和罗斯福小学的一名五年级学生发展一段共同的友谊"？一方面，使用量化的条目，如频率、持续时间、等级等，可以提供关于儿童行为的客观信息；另一方面，"每周在休息时间进行 3 次与同龄人的交谈"并不一定代表这是朋友之间的谈话。目前，关于促进自闭症谱系障碍儿童和青少年的社会性发展的科学陈述，并没有提供给我们一种精确的方法，可以使我们测量社会关系和互动的质量，至少在短期内我们无法在学校情境中实施测量。在团队设计干预方案时，至少要以一些可观察的行为对象作为目标。

很多时候，我们会看到干预者以行为频率作为标准，来制订干预目标，例如，"杰克在 80% 的时间里会对同龄人的话作出回应"。虽然测量频率是一种可行的方法，但实际上，想要测量出精确的频率并不容易。只有做到在 100% 的时间里对杰克进行监控，才能确保"80% 的时间"的有效性。这对干预团队来说是不现实的。而且，这一基本测量方案并不能为我们提供有效的信息，来解释为什么儿童会出现某些行为，而不出现另一些行为。干预中的指令是否清楚、充分？环境中的线索是否可以帮助儿童实现行为？儿童是否有足够的机会去实现行为？

干预团队需要通过容易使用的、现实的方法来测量儿童某一时刻的行为。老师或助教可以使用一些简单的行为核查表，记录行为的发生。团队成员间要共享这些信息，并随着时间进行跟踪，以评估儿童的干预进展。在第 8 章中，我们会对测量方法进行更详细的讨论。遗憾的是，在干预过程中可能会出现许多困难，但却没有太多明确的信息来指导我们怎样做。个别化教育计划无法提供全面的指南，使我们了解如何通过特殊教育及相关服务，来帮助儿童实现年度目标。然而，没有理由解释为什么干预团队不能开发出更明确的计划，来训练儿童特定的技能和行为，并把这一计划纳入到个别化教育计划中。

与此同时，设置衡量进展的标准也会使干预团队的成员产生很大的焦虑，这是因为，如果儿童没有取得进步，那么就意味着干预团队工作的失败。大多数教育工作者都认真对待自己的工作，并致力于让儿童取得进步。如果认为儿童未能取得进步是他们的责任，他们会感到非常沮丧和失望。事实上，如果我们记录到儿童取得的进步很小，或许是因为目标设置得过高或过于宽泛，或者行为目标中没有包含对儿童完成特定目标所需掌握的每一步行为的测量。在另一些情况下，我们可能发现一种策略很有利于训练儿童的新技能，但它可能不适合儿童的学习风格。最后，儿童可能需要更多的时间或更多的支持，才能掌握一种特定的新行为。

我们都希望了解应该如何分配目标、选择策略、评估进展及修订方案，但是目前并没有清晰、明确的方法来指导我们。相关的一些指导步骤（如第 4 章中所述），都需要干预团队能够以一种聪明的、合理的、明确的方式，因人而异地应用于每一个儿童。

## 建立合作关系并发展持续沟通

我们确实需要开发和执行促进自闭症谱系障碍儿童社会性发展的干预计划。无论我们的社会化程度如何，在平时生活中的大部分时候，我们都需要进行社会互动。儿童必须达到一定的功能水平，才能在学校和社区中与各种各样的人进行社会互动——无论是与学校安全员、学校图书管理员、朋友的父母、芭蕾老师或棒球教练交谈。对于自闭症谱系障碍儿童来说，这些任务和与同学在休息时交谈是同样复杂的。因此，促进儿童社会性发展的干预计划必须要以这样的互动和经历为目标。

显然，我们无法识别和预测儿童在一天或一星期中会遇到的每一种情境，但是儿童越能多学习一些在多种环境中正确、有效的互动技能，对他们自身的发展越有帮助。就这一点而言，学校是最佳的环境，因为这种环境是儿童可以预测的，而且学校环境中的所有成年人都在努力促进儿童的教育、成长和发展。学校系统中会有一些核心人员负责儿童的教育，包括行政代表、普通教育老师、特殊教育老师、父母和其他一些能在学校和社区环境中提供相关服务的专业人士。然而，核心团队应该毫不犹豫地帮助儿童与其他老师和同学进行互动（在美术课上、体育课上、自习室、音乐课上或资源教室），学校管理人员也应该提供相关的支持。由于儿童在任何情境下都需要具备一定的社会互动能力，任何教育者都不应该拒绝参与学生的干预过程。

当团队成员之间意见不一致，或者当学校人员、父母或外训人士之间存在敌意时，学区管理者就有责任参与到团队中来解决这一问题。一个存在内部分歧的学校团队并不是一个有效的团队，因为我们不仅要处理特定儿童的教育问题，还要关注由儿童的功能失调所引起的损伤。在第 6 章中描述了一些在团队尝试合作过程中会出现的常见问题。干预者可以定期召开团队会议来讨论个别化教育计划，并利用这些时间来比较不同成员关于儿童的记录，对问题进行头脑风暴。通过这种方式，可以保证团队成员之间的持续沟通，提升团队士气，因为抚养和教育自闭症谱系障碍儿童是一个劳动强度很大的过程。父母和专业人士的情绪和心理状态都会影响团队的功能能否顺利发挥。整个团队需要注意儿童的长期干预目标以及干预进展可能是时断时续的，这样才能保证干预计划是具备一定基础且现实的，当儿童出现较小的成就时就应该适当庆祝，接下来再进一步拓展干预目标。

第 4 章

# 针对性干预方案设计

　　第 1、2、3 章已经呈现了自闭症谱系障碍儿童表现出的不同社会问题，以及这些问题出现时儿童所面临的学习上的挑战。当然，为了学习一种新的社会行为，儿童必须知道什么时候、在哪里可以表现出这一新的行为，如何调整行为以适应特定的环境，以及和谁在一起时这种行为是最合适的——是成年人还是同龄人。社会行为具有高度的环境特定性，我们在表现出一种社会行为之前，必须要先分析社会环境。环境中的细节可以为我们提供一些线索，让我们知道什么样的行为是合适的，不过，我们同样也必须从整体把握环境。

　　我们了解到一些基于证据的方法（见第 2 章）和策略（见第 5 章）可以促进自闭症谱系障碍儿童的社会性发展和社交技能的提升，但是治疗师如何知道哪种方法和策略最适合他们所治疗的特定儿童呢？本章的内容将会解释，如何针对每名儿童不同的人格和已有的技能，来选择和实施有意义的干预方案。每名儿童的社会性损伤都有不同的原因，同时，一些行为的产生可能也具有多重原因。对于这些问题我们考虑得越深入、越详细，就越能作出更好的选择，以便成功地实施策略。更进一步说，干预团队中的所有成员都必须知道如何正确实施这样的策略，并且明白其中的原理，这样才可以在变化的环境中随时灵活地调整策略。训练一些简单的策略可能需要几周的时间，这很容易使父母或者专业人士变得沮丧。因此，我们需要把儿童的干预团队看作一个功能性的团体（见第6章）。

设计一个成功的社会性干预方案需要以下过程：

1. 确定目标行为。

2. 想要训练儿童的某种行为，需要考虑到儿童相关的学习概况。

3. 确定哪些策略是适当的、可实行的。

4. 考虑这些策略和新的社会行为是否可以在多种情境中进行训练和练习。

5. 提前考虑干预实施过程中可能出现的问题。

虽然有一些人认为，确认干预方法是基于证据或是一种最佳做法是最重要的一点，但实际上，干预计划的每一部分都是同等重要的。如果在实施过程中不多加留意，再好的干预方案都有可能会失败。

且不说儿童的其他行为，如果我们想要儿童的社会行为得到发展，这一过程中最大的挑战是准确地发现能使儿童表现出这种行为的动机。我们需要根据儿童的社会兴趣水平为他们定制干预计划，以确定一种适当的社会行为所产生的激励性的结果。对于一个对同辈互动感兴趣却不知道该怎样做的儿童，如果干预者可以通过视觉提示提醒儿童表现出正确的行为，这可以帮助儿童获得更多交朋友的机会。如果一名儿童对社交不感兴趣，那么在干预策略中就必须要包含强化物，这些强化物与具有较高奖励的活动或对象有关，还需要包含视觉线索，来帮助儿童记住自己作出正确反应时的奖励。最后，如果儿童的社交经历是愉快的，并且使其产生了积极的情绪体验，那么社会互动的经历本身就会对儿童产生强化作用。这是一个正在进行研究的领域（Lerner, Mikami & Levine, in press; Roger & Dawson, 2010）。

## 确定目标行为

我们必须根据儿童的发展水平和当前的社会环境，区分优先次序，确定哪些行为是干预的目标。这一步对每名儿童来说都是个性化的，因此，我们称之为"针对性的干预方案设计"。训练一种特定的社会行为，最好从一个适度的目标出发，我们需要注意，如果想要儿童实现完整的行为，基本社交技能的学习是很必要的。确定目标行为的最佳途径是观察儿童可能会出现困难的社会场景，并仔细分析在这一场景中，儿童的社会理解和表现存在哪些缺陷。

举一个例子，一名在上幼儿园的 6 岁儿童，其接受性和表达性语言能力、认知能力低于平均水平，其自理能力水平非常低。在对这名儿童进行干预时，我们需要训练他 / 她相当于正常发育的 4 岁半儿童水平的自理能力以及 3 岁儿童水平的社会行为和技能。让我们再来对照一下图 3.2，我们需要把很多种行为作为干预的目标。这些行为是按照儿童发展的顺序进行排列的，这就强调了复杂的社会能力是建立在很多基本技能之上的，儿童如果没有扎实的基本技能作为基础，就很难掌握复杂的能力。就这一点而言，一旦教育团队确定了作为干预目标的所有行为，那么其中两到三种行为是需要被优先选择的。起初我们应该选择有限数量的行为进行干预，由此发展出一个深思熟虑的综合干预计划，并设计精细、准确的测量方法，这要比确定 10 个或者以上需要关注的行为要好得多。我们很有必要把基本技能分解成更小的技能，并且先对这些小技能进行训练。当然，我们也要仔细考虑强化策略的使用，并针对特定的儿童和环境为儿童量身定制干预方案。

显然，如果儿童出现了攻击、自伤和逃避学习环境等行为，他们就需要成为治疗的焦点。或许，最有效的方式是与行为分析师合作，获得儿童的功能评估和 / 或对这些行为的分析结果，并开发出详细的干预计划。即使儿童持续出现这些行为，我们也可以并应该制定社会目标，我们不能低估儿童的破坏行为所造成的影响，同龄人看到他们的这种行为，就会远离他们。儿童能在校园环境中很清楚地意识到同龄人的行为，并且会避开这些表现出挑战行为的儿童。此外，学校教师对于有挑战行为的儿童的态度，也会对其他儿童产生很深的影响（Mikami, Lerner & Lun, 2010）。

让我们回到确定社会行为的训练目标这一问题上，我们应该考虑儿童是否尚未获得该行为（换句话说，儿童不知道怎样去做）或者存在表现上的缺陷（即了解行为如何操作但不知道何时应该表现出该行为，Bellini, 2008）。作出这样的区分可以帮助干预团队制订出更严密的干预方案。这一问题的答案将会影响我们对干预策略的选择。再次强调，当我们考虑社会目标、确定社会行为时，最好考虑到儿童的发展水平，并把它作为训练技能的出发点。例如，一名四年级的自闭症谱系障碍儿童，其社会功能只有一年级水平，想要教会这名儿童如何与其他同级学生互动是很困难的。更好的做法是，让这名儿童与其他发展水平更相近的儿童交往，可以选择发展水平比四年级低、比一年级高的学生，这样，在训练儿童更加成熟的社会行为之前，就可以确保已有一些成功的干预。

## 想要训练儿童的某种行为，需要考虑到
## 儿童相关的学习概况

牢记儿童的认知概况是很重要的，这可以使我们明确儿童在理解信息时有哪些优势和不足，在选择干预策略时就可以达到取长补短的目的。例如，如果一名儿童在识别视觉信息时表现出优势，也许我们就可以在干预中使用一系列的图片，并通过视觉策略来描述和解释所要学习的社会技能，并在面临更现实的情境之前就进行练习。

考虑儿童的语言概况也同样重要，我们必须了解儿童有哪些优势和不足，同样以取长补短为目的来选择干预策略。干预者在实施第 5 章中所描述的策略时，要根据儿童的语言概况，使用有限的词汇和简短的语言进行教学。即使是最简单的指令、话语或问题，也要进行重复或者让儿童有额外的时间反应。如果儿童的叙事语言能力较弱，教育者应该加强与儿童一对一的干预，然后，在儿童经历新的社会体验时，帮助儿童进行相关的叙事练习，使儿童发展对社会全景的理解能力，并使其了解自己在既定的社会情境中的位置（L. Booth, 2011）。

最后，当选择了目标行为之后，我们必须识别其他的行为问题，如注意力缺陷或焦虑，这些都限制了儿童学习新技能和

行为的能力。随着干预计划的实施，我们要处理这些问题，以帮助儿童掌握新的社会行为。一些并发症状会干扰儿童的社会学习和表现，阻碍他们的社会性发展。干预团队可能需要接触一些自闭症谱系障碍儿童的专科门诊，或者一些在诊断和治疗伴随疾病方面拥有丰富知识和经验的专业人士，这也是增强干预的一种途径。

## 选择适当、可行的策略

在设计干预方案时，考虑儿童的性格和所处的环境（教室、操场、学校心理咨询室）会使干预策略更加可行，实施起来更有保障，儿童也更容易接受。这并不意味着儿童同意这样的策略，只不过成年人可以把这种策略作为儿童日常生活的一部分，通过解释和实施这种策略，使儿童学着去接受它们。在设计干预方案时，我们需要考虑到，儿童对自己社交困难的认识水平是变化的，并不需要给孩子提供他们社会挑战的全面的解释。我们没有必要向儿童详细解释他们的社交困难。对于一些儿童，尤其是幼儿和那些意识不到自己社会缺陷的儿童来说，比较适当的方法是把新的策略合并到儿童的日常课程中，不需要与他们进行讨论。对于能力更强的儿童来讲，干预者就需要尽量使用简单的语言向他们解释（即使是很聪明的儿童）。有时，专业人士会从智力的角度出发，误以为一些很聪明的自闭症谱系障碍儿童能够理解自己的社会缺陷，但他们可能没有考虑到儿童的情绪状态或自尊水平。我们发现，很多有严重社会缺陷的青少年会对自己的弱点产生防御，不愿意参加学习活动。在这些情况下，我们首先要做的是与儿童或青少年建立良好的关系，强调他们是独立的个体，承认他们具有独特（或许很不寻常）的个人风格。一旦建立起这样的信任关系，儿童们就会愿意接受干预者的理念，从而学着调整自己的行为并与他人（即使是不理解他们的人）进行互动。

此外，干预团队必须要保证策略得心应手，并且清楚如何去实施策略。促进学龄儿童和青少年的社会性发展，对于学校的干预团队是一个新的课题。我们知道，没有人能够了解每一种策略及其实施过程中的细节。在进行干预之前，我们需要详细地讨论细节、考虑儿童的活动安排及其他儿童对干预计划的影响。团队成员应该乐于分享自己对干预过程的疑问和顾虑。

一旦儿童的干预团队选择了一种策略，首先应该由成年人训练儿童的某种技能，接着由一名接受过训练的儿童陪伴目标儿童练习，最后让儿童在团体情境中接受训练。在这一过程中，可能需要使用视觉提示和自我监控策略。干预的关键是帮助儿童将行为自然地融入到固有的技能中，逐渐地熟悉行为以使行为变得灵活。当儿童开始掌握如何去表现新的社会行为时，我们就可以教他们在什么时间表现出这种行为是不适当的，并使他们明白相关的规则。

## 考虑行为可否在多种情境中练习

当干预团队已经实施了一种教学策略时，他们应该考虑当儿童在不同的情境中练习新技能时，是否可以使用同样的策略，或者是否需要新的策略。干预者应该在多种不同的环境中训练儿童的能力或行为。如果儿童具备一定的理解能力，我们就可以通过视觉材料、文字或谈话，向儿童解释这种新学到的行为在每种情境中如何发挥作用，这一点非常重要。如果儿童不能理解，我们就需要在儿童活动的过程中发现他们的问题，并依次解决。这样的治疗活动具有联结的功能——帮助儿童把一种情境中的社会行为与其他情境中的相同行为联系起来。这样做的目标是帮助儿童理解整体的环境，学习在不同的环境中如何调整行为并灵活表现行为。一部分儿童可以通过重复的干预理解这一点，但另一些儿童可能做不到。对于低功能或不会使用语言的儿童，在不同的情境中为儿童提供视觉线索，有助于儿童将行为推广到新的环境中。通过大量的练习和重复，这种干预就可能会成功。

## 提前考虑干预实施过程中可能出现的问题

由于自闭症谱系障碍儿童在社会理解方面存在不足，提前考虑在干预实施和学习过程中可能出现的问题是很有意义的。如果儿童存在消极的行为，当我们实施新的策略时，这种行为可能会增多（称为"消退突现"，extinction burst），这是由于，当干预者提出有关新的学习期待的要求时，儿童会感到压力并试着逃避这些要求。干预团队的每位成员都应该对这种情况保持警惕，并准备好应对这种情况的治疗性方案。有时，消极行为增加得太严重，会使团队成员感到恐慌，或者认为这个策略是失败的。父母们看到儿童如此苦恼，也会陷入挣扎中，有时可能想要放弃努力。这时就需要整个团队团结起来，共同度过艰难的时期，一起决定是要克服这一困难还是退一步按部就班地实施干预。这个决定是团队成员的共同判断。

最后，我们并不是说，解决一种特定的社会或行为问题会有一种最佳策略。关键在于，团队成员必须找到一种方法，可以使儿童、环境和策略之间达到良好的匹配，以达成特定的干预目标。例如，如果一名儿童要学习发起游戏或在游戏时间加入儿童团体，干预团队的成员就需要考虑儿童的人格和学习概况，以及如下几个重要的问题：干预是否可以从观看视频开始，然后与儿童回顾视频，进行角色扮演，并在操场上辅助儿童进行练习？或者，根据儿童的性格特点和学习概况，考虑是否可以让同辈辅导者帮助儿童融入游戏？如果儿童没有记住加入团体的一系列步骤，是否可以设计一些提示卡（在同龄人不在场时使用）来帮助儿童回顾这一过程？

通过本章的内容，我们可以整体了解在帮助自闭症谱系障碍儿童发展社会能力时的困难。正确的方法不止一个，而且每个儿童都是不同的，因此对于每个儿童来说，良好的社会行为也不完全一致，这就是问题的关键所在。我们的真正目标是持续地促进自闭症谱系障碍儿童的社会性发展，使他们在身体、认知和情绪发展的同时，也可以得到社会性发展。社会性发展（实际上所有的发展）是有层次的过程，儿童随着成长，会形成与他人之间交互的技能、行为和能力，并且它们会逐渐成为一个整体。训练一种基本的行为也许并不困难，但如果想要帮助儿童顺利、正确地整合行为，并将它们融入到自己的行为系统中，不仅是一门科学，也是一门艺术。

第 5 章

# 促进儿童社会性发展的策略

　　以发展为准则实施行为干预，可能对于促进儿童社会性成长是一个最为有效的策略。在这一章里，我们所向大家介绍的行为干预的特定策略，是建立在实证研究的基础上，且有一定的实践操作为依据。这与第 2 章中所描述的广泛性方法不同，它们并不适用于应对自闭症谱系障碍的所有核心症状，而是适用于处理一些特定的问题。本章中的每一部分都有对应的案例，用来解释每种策略可能的实际用途和评价方法，并对此进行了归纳与总结。我们虽然无法做到完美无缺，但还是尽可能地对每一部分都列出一些相关研究成果作说明。在这里特别请大家注意的是，在促进儿童社会性发展时，选择适合儿童的方法或策略非常重要。

## 应用行为分析

　　应用行为分析（ABA）是一种科学的方法，它试图研究如何把行为准则应用到日常生活中的问题上，即运用到我们想要训练或鼓励的某些行为，或想要消除、阻止的某些行为。应用行为分析既不是一套教学策略，也不是一种教育课程（Strain & Schwartz, 2001），当它被应用于自闭症谱系障碍儿童的干预中时，其研究价值被发挥到了令人吃惊的有效地步，但遗憾的是它也常常被误用。

应用行为分析是以操作性条件反射的原理作为基础，用于理解行为并训练新行为的理论模型。简单地说，就是使被强化的行为得到巩固，未被强化的行为得到消退。这样看来应用行为分析似乎很简单，但实际上，要理解行为如何习得、强化、保持和消退远比我们想象的要复杂很多。以下的工作是我们必须要理解的，这些工作包括直接教学的方法、强化的作用机制、改变和塑造行为的有效技术、如何促进学习迁移以及新行为如何长时间保持、根据儿童所处的环境来选择策略等。

应用行为分析起源于斯金纳（B. F. Skinner）（1953）的理论和实验，在 20 世纪六七十年代得到了历史性的发展。伊瓦·洛瓦斯（Ivar Lovaas）最先将应用行为分析的方法运用到自闭症儿童的教学过程中，即实施高结构化的策略（McEachen, Smith & Lovaas, 1993）。1987 年，洛瓦斯在其研究中，描述了 19 名被诊断为自闭症的儿童，在超过两年的时间里接受了 40 小时的集中治疗，取得了实质性的进步。尽管某些学生只取得了很小的进步，研究也在方法上存在一定的缺陷，父母和干预者们还是对这种方法给予了高度肯定，并把这种高结构化的方法应用到教学中。遗憾的是，许多阅读或学习了高结构化方法的人，只能很有限地利用它，他们通常没有领会到该方法中最为精华的干预程序，即成人与儿童共同进行的一对一的、高结构化的、重复的训练课程（也称行为分解训练法）。加州大学洛杉矶分校儿童自闭症干预项目就是以行为分解训练为基础，通过应用行为分析的方法进行综合性的干预，它包括对父母及助教（通常是大学生）的训练、在家庭和学校环境中的长时间干预，并更多地强调自然教学（自然的环境和强化）（Smith, Groen & Wynn, 2000）。该干预计划聚焦于儿童的语言、社会技能和适应行为的发展，目标是帮助儿童在日常环境中建立满意的关系和功能行为。

目前，教育工作者、父母和社区专业人士在教育正常儿童和有障碍的儿童时都会运用应用行为分析的方法。使用奖励制度训练幼儿使用便盆，表扬在测验中表现好的学生，或者让儿童赚零用钱，都是运用操作性教学法则策略的良好实例。对自闭症谱系障碍儿童进行训练时，需要注意的一点是他们不容易被激励（他们对表扬这种社会赞赏可能没有反应）；而他们能够有反应的奖励可能是很奇怪、很难被发现的。比起正常儿童，他们可能需要更多、更详细的教导才能完成一项简单的任务。我们通常需要把一项任务分成尽可能小的几部分，对每一部分的学习都进行直接的教导和强化。当儿童对每一部分都熟练之后，干预者需要帮助儿童把行为联系起来，形成一个完整的序列。起初需要进行提示和强化，但如果孩子接下来能够独立、灵活地表现出该行为，那么就可以减少提示了。

用这种方法训练儿童的社会技能和行为，可能比训练儿童完成洗手、穿衣服或做作业等任务更加容易。社会期望会随着场景、人和环境而改变（例如游戏时、上课时或吃饭时，我们会根据不同的场合而期待儿童表现出不同的行为）。哪些行为是适当的，同样也受到儿童年龄和性别的影响。由于生活中存在很多不确定的因素，我们想要训练儿童不同的行为可能会有一定的困难 (Koenig & Tsatsanis, 2005)。不过，通过直接教学、提示、行为强化（鼓励或使其消退）、行为连锁、减少提示等基本策略，我们或许可以有效地训练儿童的社会行为，并使他们在新的环境中学习新行为。

下面我们用一个简单的例子来说明，如何通过提示和强化的过程使儿童学会一种直接的行为。例如，如果我们想教会一名幼儿园的儿童靠近一群正在玩游戏的儿童，坐在他们旁边并观察他们，操作方法如下：

我们可以提示儿童先走过去坐一小段时间，如果儿童能坚持完成这项任务，我们就对他（她）实施阶段性奖励，即给孩子想要的奖励。我们可以多次进行这样的步骤，直到儿童能够达到在我们提供的玩具中选出一种，在其他孩子旁边玩要，并且可以在指定时间内再这样做一次，此时我们再对儿童进行奖励。随着时间的推移，我们就可以通过直接教学、提示和强化的过程，教会儿童与成年人分享玩具并完成一系列简单的游戏（完成某些动作或谈话），进而使儿童可以与同伴共同完成某些活动。在这里要强调的是，这种通过真实游戏的练习，需要其他儿童的配合才会有成效，即需要其他儿童具备如何对这名儿童的努力参与作出回应并不断对其有效行为进行强化的能力。在多种情境下使用这种策略进行教学与练习，所获得的能力会在被训练者的其他生活情境中得到迁移，前提是新的情境中应该具有与训练情境相同的元素。这样一来，因为提示和强化的一致性，才能使得训练结果得到体验与巩固。

斯特兰（Strain）和施瓦兹（Schwartz）（2001）在其研究中描述了应用行为分析策略的以下使用步骤：

1. 训练儿童对同伴表现出友好姿态时的提示和强化步骤。

2. 向儿童提供玩具、材料或指示时的步骤，这是为了让儿童与同伴更好地互动。

3. 训练正常儿童与自闭症谱系障碍儿童友好互动的具体方法时的步骤。

4. 针对儿童团体，使儿童团体及目标儿童保持特定社会互动水平时的强化步骤。

在一项关于自闭症儿童的研究中，研究者把普通男孩子两人分为一组，然后邀请一名自闭症儿童加入。为了完成任务，这两名普通男孩需要学习并演练相关的语言和行为策略（Strain, Shores & Tim, 1977; cited in Strain & Schwartz, 2001）。例如，他们可以说"我们一起玩吧"，并把球传给干预对象的自闭症患儿，这名患儿之前可能已经学会了相关回应或把球传回去。随后，可以在不同的情境下对患儿进行各类提示，这样反复训练可以增进患儿与同龄人之间的互动。这一研究结果显示，经过训练不仅可以使患儿减少沉浸于自我世界的行为，也可以使其在社会交往行为上有一定的进步。如果同辈辅导者加强主动沟通并学会如何去回应患儿自我行为，患儿的社会回应表现就会更好。斯特兰与其同事的一系列研究还表明，同龄人的主动沟通、表扬以及对患儿行为恰当的回应，都会提升自闭症患儿的社会行为能力。另外该研究还显示，自闭症患儿所具有的高频率刻板行为，并不会过多影响他们的回应能力（Strain & Schwartz, 2001）。更确切地说，当患儿不与同龄人进行互动时，他们就会倾向于重复刻板行为。

选择和培训自闭症儿童的同辈辅导员并非是一件易事，特别是学龄前儿童同辈辅导员。较好的方法是教会他们如何进行游戏，如何向患儿提出建议，如何与患儿分享想法，如何满足患儿的需要，如何向患儿提供帮助，以及与患儿进行一般性的交谈（Strain & Schwartz, 2001）。这种以应用行为分析为基础的疗法，因为是由同龄人执行的，所以会使自闭症谱系障碍儿童产生明显的进步，关于同辈辅导法的更多信息将在本章后文中阐述。

如果我们想要通过行为疗法来训练某种特定的社会行为，非常重要的一点是必须先将行为分解成尽可能小的几部分。我们需要确保已选择的这种行为与儿童所处的社会环境相匹配。例如，学龄前儿童在加入一个团体时一般很少进行自我介绍，也不会互相问好。这些是成年人的方式，并不适合学龄前儿童所处的社会环境，这种方式很可能会使患儿无法被同龄人接受。弗雷德·弗兰克尔（Fred Frankel）博士和罗伯特·迈亚特（Robert Myatt）博士（2003）描述了一种名为"悄悄溜进去"的教学步骤，它适用于指导儿童如何以一种自然的方式加入一个游戏团体，并被团体很好地接受。这一策略让人印象最深刻的一点就是，它注意到了儿童在社会互动中最真实的行为，而不是按照成年人的想法去分析参与游戏的策略。当成年人试图教儿童如何玩耍时，所教的行为往往并不是游戏中会真实发生的行为。

让我们回到之前的问题上，即如何运用应用行为分析的方法训练自闭症谱系障碍儿童的社会行为。成功的关键在于我们需要系统地使用该方法，如果没有获得成效，则需要评价教学计划的每个步骤，考虑为什么没有作用。下列步骤可能提供了一个很有用的框架：

· 确定儿童将要学习哪种社会行为。

· 观察并描述正常儿童是如何表现这种行为的。

· 将行为分解成尽可能多的几部分，使教学过程更加简单。

· 确定一种最准确、简单的办法来记录儿童是否正确表现出了每一种新行为。

· 考虑怎样激励自闭症谱系障碍儿童遵守行为程序。在这一步中需要评估哪些东西是儿童自己认为特别具有激励作用的，在此基础上选择强化物。

· 明确地教会儿童如何去表现每一部分的社会行为；对儿童进行提示，如果儿童在与成人共同练习的过程中非常努力，并成功实现了该行为，则给予奖励。

· 将每一部分的行为联系在一起，每次多联结一个部分，直到所有行为形成一个系列，当儿童成功地将连锁行为表现出来时，给予强化。

· 指导儿童对着同龄人练习新的社会行为（同龄人需要事先经过训练，并接受这名儿童）。

· 给儿童提供多次练习新行为的机会，成人需要给予支持，处理好反馈和结果。

·奖励儿童在练习新行为时付出的所有努力；如果有需要，给儿童的同龄人以奖励。

·让儿童有机会在新的情境中与新的同龄人进行练习。

·确保在儿童的生活中，父母和其他成年人都知道提示儿童的步骤（成年人需要贯彻落实这一步骤，也要具有一定的灵活性）。

·逐渐减少提示，并支持儿童主动参与和表现出的行为。

·如有可能，可减少强化物。

**案例**

苏珊是一位 9 岁的女孩，被诊断为广泛性发育障碍（具体症状未作详细说明）。认知评估的结果表明，苏珊的非言语问题解决能力低于平均水平，言语问题解决能力处于平均水平的边缘。语言评估的结果显示，她的语言接受能力和表达能力均低于平均水平。苏珊的语用能力存在明显的损伤，她对于非言语沟通（例如手势、面部表情、声调）的理解能力较弱，在轮流说话、参与会话中的问题或评论方面也存在困难。她能适应的游戏和互动能力均处于 6 至 7 岁的水平。苏珊在普通学校上三年级，她利用资源教室来学习数学和语言艺术。而她的阅读解码能力处于二年级水平，阅读理解能力处于幼儿园水平。苏珊对于故事意图或社会场景整体性的解释存在特定的困难，她倾向于注意其中的细节。她想要与同龄的女孩交朋友，与她们待在一起，但在课余休息时却无法与她们建立联系。校外的社交聚会一般都不会邀请她，虽然她自己意识不到这一点，但她的母亲是知道的。

我们应该如何帮助苏珊与她的同龄人建立联系呢？我们需要评估苏珊在认知和语言方面的优势和弱点，并清楚地知道什么东西对她有激励作用，无论是有形的奖品还是参加她喜爱的活动。我们可以通过询问她的父母和老师，也可以通过观察她本人的活动，获得能激励她的东西是什么，但值得注意的是她所喜爱的东西可能会不断变化（Resetar & Noell, 2008）。

接下来很重要的一点是，苏珊在学校与三年级的女孩相处，我们需要了解她自己对于所处的团体和社会环境是怎样理解的。成年人可以通过观察正常儿童的游戏或对话，了解孩子们如何实现成功的互动，并以此为依据，来考虑分析出苏珊缺乏哪些技能。我们可以首先想出一个大概的行为，然后再将它分解为小的几个部分，最后确定这些部分是以什么样的基本技能（图 1.1）为基础的。我们可以直接训练这些特定的基本技能，为儿童学习复杂的社会技能做准备。

接下来可以使用直接教学和强化的策略，使她学习如何识别面部表情、解释少量的手势、解释交流中的一些基本声调元素。我们需要在高结构化的学习环境中执行这种直接教学，并让苏珊进行大量的练习，以保证她理解了这些信息并能在多种情境中进行应用。接下来，苏珊需要在结构化的游戏互动中接受指导，成人辅导者要帮助她参与到正常三年级女孩们的社会游戏与互动中。辅导者可以通过观察苏珊在同伴团体中的社会互动来选择教学内容。一旦苏珊抓住了一些符合她年龄的社会互动的要点，她就有机会以结构化的方式练习与一位同龄人进行互动，这位同龄人最好是接受过训练的，可以作为她的同辈辅导者。在所有的社会互动和练习情境中，我们需要对苏珊的正确反应进行强化。另外，我们也需要对她的同辈辅导者进行强化，强化物要根据其喜好进行选择。当她们两人在多种不同的场景中进行互动以后，成人辅导者和同辈辅导者应拓展苏珊所学到的行为，使她的社会互动能力得到进一步的增强。

这种方法对于任何教育团队来讲都是一个非常艰巨的任务，因为这种干预的强度很大，不仅要对苏珊进行训练，还要对成年人进行培训，招募和训练一位或多位同辈辅导者，并且在她与同龄人以及随后在更普遍的情境中进行社会互动时提供指导。不过，这一年龄段的儿童想要成功进行社会互动是很复杂的，因此需要进行这种强度的训练和学习。

## 视觉策略与视觉材料

使用视觉策略与视觉材料，可以很好地帮助自闭症谱系障碍儿童理解别人要求他们做什么，或与他人交流时自己的需要与选择。视觉材料即照片、素描、文字或图画剧本、规则提示卡、带有文字的或单纯的数字图像或只是文字，它们的共同特点是可以暗示儿童做出某种行为或作出某项选择（Ganz & Flores, 2008）。视觉策略通常可以帮助儿童理解一系列的事件（即活动日程），也可以帮助儿童学习、记忆并完成一系列步骤以达成某项任务（Boutot, 2009）。视频示范法也属于视觉策略的一种，由于关于使用视频示范法促进社会性发展的研究和程序还包含许多详细的信息，因此在后文中会把它作为独立的一部分进行阐述。

视觉策略利用了很多自闭症谱系障碍儿童的偏好，即他们在交流时不需要太多的言语互动，对口头语言的理解也较弱。由于他们对于听觉信息的加工和保持是很困难的，而视觉线索则可以改善自闭症谱系障碍儿童的社会沟通，比如对于阅读理解能力较差的儿童可以使用图片，对于阅读理解能力较好的儿童可以使用单纯的文字，或者也可以两者结合使用。"图片交换沟通系统"（Picture Exchange Communication System）是一套可以在市场上购买到的材料，它可以有效地帮助幼儿与他人进行沟通（Ganz, Simpson & Corbin-Newsome, 2008）。

贝茨（Betz）、希格比（Higbee）和里根（Reagon）（2008）描述了一种有趣的应用方法，即通过活动日程来促进儿童的社会交往。研究者让一名幼儿与一名自闭症谱系障碍儿童配对进行游戏活动，他们共同的活动日程上有一幅图画，描绘了他们需要做的事情。所有参加游戏的儿童都已经事先学会了独立按照活动日程进行游戏，以及与成人玩简单的棋盘游戏，他们也提前练习了遵守游戏规则并轮流进行游戏。他们共同的活动日程放在一个档案夹里，日程上的图片描绘了儿童参与该活动需要执行的步骤，另有一张图片上指定了一名儿童作为活动的领导者。领导者由正常儿童与自闭症谱系障碍儿童轮流担任。目的是要训练儿童通过图片线索进行一系列的游戏活动。每个小组需要有一名成人辅导者陪同，以确保他们在小组领导者主动发起互动后，共同完成了游戏。随着时间的推移，儿童会更加熟练地共同完成一系列的游戏，这时成年人可以逐渐拉开与

儿童的距离，只在他们可能陷入困境时进行提示（Betz et al,
2008）。最后，成年人可以把活动重新排序，这样可以确认儿
童已经学会按照日程来做，而不是把一系列游戏的步骤死记硬
背下来。该研究的结果表明，儿童不仅可以通过使用活动日程
独立完成一系列游戏，还可以在没有提示的情况下持续地进行
互动。

**案例**

艾伦是一位 13 岁的男孩，他被诊断为自闭症谱系障碍（阿
斯伯格综合征），但他有很强的认知能力和语言能力。艾伦对
于政治、外交政策和法律很感兴趣，他喜欢谈论有关美国最高
法院的话题，以及一些近期的决议和即将发生的事件。他对于
这些复杂的事件有一些基本的理解，但他在向别人描述时倾向
于只说出事情的黑白对错，而当案件被呈上最高法院时，人们
一般会讨论一些法律的细微差别，这是艾伦会忽略掉的东西。
有时他也能合理地讨论一些案件，但有时他的观点比较极端，
这会使别人不愿意参与他的讨论，而且会回避他。

艾伦希望能与别人交朋友，例如，当他见到同龄的其他儿
童聚在一起看电影或吃比萨时，也想加入其中。当别人告诉他，

他对政治的特殊兴趣可能并不是其他人的兴趣时,他倾向于进行争辩,不过最后他会回过头来接受这一点。他并不知道除政治之外还能与别人交谈什么话题,如果没有事先设计好谈话内容,他会迅速陷入自己感兴趣的话题中。艾伦的老师们知道,尽管他的言语能力比较强,但仍然需要别人在谈话中不时提醒他,使话题转移到该年龄段的孩子普遍感兴趣的问题上。艾伦的干预小组的几位成员识别出艾伦会在午餐时间或者自修室时对那些特殊话题感兴趣,而不是 13 岁的男孩儿普遍感兴趣的话题。干预组成员希望教会艾伦如何进行谈话,而这一训练的关键点首先是要选择一个适合艾伦的方法,使其能够加入到想加入的儿童团体中。干预者们利用一组数码照片描述了一些主题,艾伦可以从中选择一个话题并进行详细的阐述。他们还制作了警告卡片,提醒艾伦即使在焦虑的时候也不能转移到有关政治的话题上。他们甚至还为艾伦制作了一副卡牌,让他在谈话中用来提示自己说合适的话题,有时还可以提示自己休息一会儿。这种策略是十分有效的,只不过艾伦在使用卡片时要注意别太引人注目。他可以在吃午饭前选择一到两张卡片用来提醒自己,并在吃午饭时尽力坚持这些话题和规则。总体来讲,这样的视觉材料在设计和实施时可能具有一定的难度,但它十分灵活并且可以让儿童进行自我提示(如艾伦使用卡片来

提醒自己），这一点可以促进儿童能力的迁移及自我监控能
力的发展。

## 剧本与角色扮演

正常发育的儿童会在幼儿时期进行装扮游戏，一般我们
认为这可以帮助儿童积累经验和理解世界（Goldstein & Cisar,
1992）。使用互动剧本进行教学，并通过角色扮演来练习社
会互动，可以有效地帮助自闭症谱系障碍儿童发起、保持并拓
展社会沟通和游戏。奥多姆（Odom）和斯特兰（1984）进行
了许多这方面的研究，结果表明有缺陷的儿童在参与社会戏剧
游戏时要比进行操作性游戏时表现出更多的社会互动。相关研
究显示，从幼儿期至青春期的学生，参与社会戏剧游戏都有较
好的干预效果，包括存在智力障碍的儿童及语言表达能力有限
的儿童（Goldstein & Cisar, 1992; Krantz & McClannahan, 1993;
Krantz et al, 1998; Petursdottir, McComas, McMaster, & Horner,
2007; Reagon & Higbee, 2009）。在使用剧本进行教学并帮助
儿童通过角色扮演来体验社会情境时，关键是要让儿童自己去
进行谈话或扮演，并将此能力迁移到不同的人和情境中。如果

没有发生迁移，或者儿童无法超越剧本和角色扮演的场景，那么互动就会让人感觉很僵硬，而且很难产生持续的社会沟通。

目前有许多研究聚焦于使用特定的互动剧本进行教学，针对学龄前儿童的剧本一般是以游戏为主体，针对青少年的剧本则是关于一些他们普遍感兴趣的话题。大部分的研究都采用单一被试实验设计，教学使用的剧本都依据自闭症谱系障碍儿童（目标儿童）以及和该儿童进行互动的同龄人的特点，进行了高度的个性化设计。考虑到社会行为的环境特异性程度，这样的研究是十分有意义的。使用剧本的方法对于存在智力障碍的儿童及语言表达能力有限的儿童尤其有效。此外，当儿童学着按照剧本开始扮演并回应，并且接下来可以脱离剧本进行语言上的互动时，儿童的不良行为和重复行为可能就会逐渐减少（Krantz & McClannahan, 1993）。

戈德斯坦（Goldstein）和奇萨（Cisar）（1992）曾经使用特定的剧本对 3 组 3 人幼儿小组进行教学，每个小组由两名正常儿童和一名自闭症谱系障碍儿童组成。他们使用剧本在室外进行训练，每个剧本里包含 3 个角色，因此每名儿童在扮演时都有自己的台词和动作。由于自闭症谱系障碍儿童的语言表达水平不尽相同，所以当扮演某个角色的儿童语言能力有限时需要修改剧本，使这名儿童的台词限制在一个可控的水平之内。

每组儿童都需要进行重复的训练，以保证他们能够正确地理解剧情和场景。在训练环节中，教师要对儿童进行适当的提示。训练完毕后，研究者发现自闭症谱系障碍儿童与同龄人之间的社会互动水平增强了，他们有进步的地方一般与剧本上的内容有密切的联系。为了评估行为是否得到迁移，我们需要评估儿童在进行自由游戏时的社会互动，而且每名自闭症儿童都要与另外两名正常儿童一组。其中两名自闭症谱系障碍儿童的社会互动水平都增强到与正常儿童水平相当，并且在迁移期间保持在这一水平。从中我们可以归纳出，依据特定的剧本并对场景进行角色扮演，可以提高儿童的社会互动水平。研究者还发现，一旦儿童学会了第一个剧本，接下来再学习另外两个剧本的时候就会更快、更容易。此外，如果只是单纯地给儿童提供材料，或者老师只用语言描述特定的游戏场景，很难提高儿童的社会化程度。由此可见，选择角色进行重复的练习可以促进自闭症儿童的社会互动水平的提升。

克兰茨（Krantz）和麦克科兰纳汉（McClannahan）（1998）使用剧本和逐步脱离剧本的程序，对3名被诊断为自闭症谱系障碍的幼儿（年龄为4到5岁）进行教学，让他们在游戏活动中与一位熟悉的成年人进行互动。这些儿童均存在不同程度的智力障碍。他们的语言表达能力有限，只能够提出基本的请求，很难自发地开始互动。这个研究的前提是儿童能学会简单的互惠交换，那么接下来他们就可以以成年人的互动为榜样，学着去扩展自己的社会言语沟通。每名儿童在研究前都要懂得如何按照活动日程或图片线索的描述来参与游戏活动。另外，研究者还需要通过指导、示范和强化，让儿童学会读一些简单的文字（如"看"和"看我"，"look" and "watch me"），这样他们才能看懂活动日程中所插入的文字提示。当儿童能够熟练地读出教学卡片上的"看"和"看我"之后，再在一系列特定的游戏的活动日程中随机插入这样的卡片。这样一来，当儿童选择了特定的游戏活动之后，就会按照活动日程上所描绘的画面来进行一系列游戏，当文字提示出现时，儿童也会读出"看"或"看我"等词语。当儿童这样用语言来表达时，成年人需要作出简单的回应。

教会儿童按照手势或文字提示来完成活动日程，需要付出相当大的努力。随着时间的推移，儿童利用 16 页的活动日程及文字提示完成了多达 10 种活动，在这个过程中研究者没有给予儿童额外的提示。最后，随着活动日程上文字的逐渐减少，剧本也逐渐淡出。当提示逐渐减少到儿童不使用剧本时，可以重新给儿童全部的提示，直到儿童可以再次持续地使用剧本为止。一段时间过后，可以在日程中安排新的活动，里面可以不包括互动剧本（文字提示）。

研究者发现，虽然在初始条件下没有一名儿童会与成年人交谈，但在接受了这种干预之后，3名儿童都通过使用剧本增加了发起交谈的次数，并且可以自发地脱离剧本与成年人交谈。此外，当使用新的材料、进行新的活动时，儿童也可以脱离剧本进行交谈，此时的情况已经不属于最初训练程序的一部分了。由此，研究者归纳出，"看"和"看我"这种简单的词语对于儿童来说可以作为谈话中很好的开场白，也比较容易应用到新的情境中。

根据奥多姆和斯特兰（1986）的记录，儿童通过使用剧本，可能会在谈话和游戏中依赖于成年人的提示。研究者认为，可以在剧本的场景中加入形象性较强的视觉线索提示，这样也许可以降低提示的依赖性。萨洛考夫（Sarokoff）、泰勒（Taylor）和波尔森（Poulson）（2001）在会话剧本中加入了视觉提示，对两名自闭症谱系障碍儿童（年龄分别为8岁和9岁）进行教学。其中一名儿童的智力功能处于边缘水平，另一名儿童存在轻微的智力障碍。两名儿童都有一定的阅读能力，因此研究者设计了关于零食或电子游戏的互动谈话剧本，并教儿童阅读剧本上的某一部分。研究者以真正的零食或电子游戏的包装盒作为视觉提示，而且剧本中多次重复出现了这种零食或电子游戏的名称。当儿童熟悉了剧本之后，就配对进行活动，并利用剧本进行互动。一段时间后，剧本可以淡出，也就是说给他们看的词语要越来越少。最后，只给儿童提供视觉线索，完全没有剧本提示。结果表明，两名儿童在脱稿的情况下相互说出的词语越来越多。另外，儿童在面对新的情境和新的儿童时也可以使用剧本，不过，他们在新情境中并不能脱稿交谈。虽然如此，儿童的互动语言数量仍然有所增加，他们也会学着相互谈论新的话题。研究者认为，加入视觉线索有利于降低儿童对提示的依赖性，但在自然的情境中实施这种策略则具有一定的挑战性。

通过剧本进行社会互动提示的基本干预步骤如下：

·根据目标儿童的发展水平来设定任务目标，例如，学习发起游戏、学习参加游戏或者增强游戏中的互动，又或者学习发起、回应和保持谈话。

·在干预之前测量目标儿童出现目标行为的频率。

·设计一个简单的剧本进行教学，让儿童学习利用语言提示、活动日程或文字提示；成年人陪同儿童进行学习，直到熟练为止。

·让正常儿童加入游戏或谈话，并教会他们使用剧本。

·在目标儿童和正常儿童使用剧本时给予提示；如果可以的话，设计视觉线索作为提示，这样一来，成年人就可以从互动中离开。

· 观测目标儿童使用剧本进行互动时的表现。

· 观测目标儿童发起游戏的频次是否增加、他们在游戏中的谈话以及其他脱稿时的表现。

· 在新的环境中建立情境,并使用新的材料(如玩具),与新的同伴互动,以促进能力的迁移(见第7章)。

### 案例

妮可(Nicole)是一位15岁的自闭症谱系障碍女孩,她的智力功能处于边缘水平。她在普通学校读九年级,学校有资源教室,并且对她学习的课程进行了一定的调整。妮可的问题是她与其他人几乎没有互动,即使与其他同学一起坐在桌旁吃午餐时,她也不和同学交谈。妮可的老师们希望她可以和同学聊天,但教师们苦于不懂应该怎样设计一个不需成年人过多参与的策略。最终他们决定使用三个简单的剧本对妮可进行训练,内容分别是关于:①对午餐的偏好;②网络游戏;③校园剧。这是教师们通过观察平时听到的九年级正常儿童在午饭时所讨论的话题,并以此为依据而确定的剧本主题。另外,由于在午餐时可以讨论的话题有限,教师们实际上还特意准备了一些备

用的话题，这样就可以保证讨论能持续一段时间。他们设计了
视觉提示来描绘一个主题，妮可可以把它当作开始谈话的信号。
妮可在一位成年人的帮助下，一对一地学习剧本，并在私人的
环境里与一位同辈辅导者进行练习。接下来她和同辈辅导者一
起坐在桌旁吃午餐，同辈辅导者把视觉提示放在桌子上，然后
他们进行谈话。这里的视觉提示可以是一本关于网络游戏的杂
志，或者一张关于校园剧的传单。他们的谈话可能会吸引饭桌
上的其他人，然后妮可就可以对他人的谈话作出回应。随着时
间的推移，妮可可以和同辈辅导者更加自如地谈话了，并且开
始脱稿进行交谈，也能谈到一些新奇的问题。

在这个例子中，学生使用剧本的步骤和与同辈辅导者互动
的情况都呈现出比较理想化的结果。但是，实际上可能会存在
一些问题，如妮可可能会过分依附于剧本，导致她在交谈中显
得言谈机械；又如妮可可能需要对新剧本持续地进行学习，才
能维持谈话。如果后者的情况发生了，考虑到妮可的自闭症谱
系障碍，教师们可以重新思考她是否可以学会更多自发性的谈
话，又或者在她可以控制的范围内提供尽可能多的剧本，这样
也许能帮助她建立一些社会联系，干预也因此而变得简单。此
外，妮可也许需要更多的时间来逐渐脱离剧本，例如，需要花
几个月的时间，而不是几周或几天。基于妮可的功能水平，她

或许可以在新情境中出现技能的运用，也可能暂时需要教师设计一些视觉提示，在新情境中提醒她开始谈话。为了支持妮可的学习过程，我们可以作出适当的调整，但目标就是帮助她自己掌握这些技能，并使她在逐渐减少提示的情况下，独立完成任务。

## 发展性游戏疗法

目前，针对自闭症谱系障碍儿童的大多数干预方法都把游戏作为训练新的社会技能和行为的媒介。一种干预方法在多大程度上能围绕着儿童对游戏的兴趣，取决于儿童的学习情况和学习需求，也取决于干预者是否了解如何通过游戏场景来训练儿童的社会行为，并使儿童在面对不同的人和情境时具备较强的社会能力 (Boutot, Guenther & Crozier, 2005)。在这一节中，我们会把综合性游戏小组模式 (Integrated Play Group model, IPG model) 作为一个干预模式的实例进行描述 (Wolfberg, 2009)，它在很大程度上依赖于让自闭症谱系障碍儿童进行功能性游戏和象征性游戏，并使其在同伴互动的环境下接受成年人的指导和帮助。

沃尔夫伯格（Wolfberg）和舒勒（Schuler）（1999）以 3

名 7 岁儿童为对象开展了研究，他们均被诊断为自闭症谱系障碍。他们与正常发育的同龄人一起加入了综合性游戏小组。综合性游戏小组干预模式包含以下内容：

1. 自然的综合性情境；

2. 精心设计的游戏空间（例如房屋的空间结构、游戏材料的获取）；

3. 根据儿童互动的潜力和复杂性选择游戏材料；

4. 游戏规则要具备一致性；

5. 包含正常儿童的游戏小组；

6. 关注儿童在任何发展水平发起互动的能力，即使有些行为很特殊；

7. 成年人的指导要加入其中；

8. 完全沉浸在游戏中。

上述第 8 条意味着无论儿童的能力如何，都需要参与到游戏的方方面面。一些不寻常的行为也可以合并在游戏中，这样做的目的是可以增强儿童的兴趣。

该研究测量了儿童在 7 个月的综合性游戏小组干预课程中的行为。小组每周进行两次游戏，每次游戏时间为 30 分钟。研究者测量了儿童参与游戏的频率，并且向父母和老师提供了关于儿童游戏行为的定性资料。初始测量结果表明，目标儿童与同龄人之间的互动性游戏很少，成年人需要通过系统的方式帮助促进儿童与同龄人之间的互动，使儿童不再单独进行游戏，而是逐渐意识到和定位于其他同龄人。经过干预之后，儿童适当增加了玩玩具的时间，并且更多地参与到互动形式的游戏中。儿童使用玩具进行象征性游戏及与同龄人进行社会性游戏的次数也有所增加。研究者由此归纳出，引导自闭症谱系障碍儿童在同龄人的小组中参与功能性游戏和象征性游戏，可以使他们更多地参与到游戏中。至于儿童语言和沟通能力的水平及同龄人的参与如何影响研究结果，则是一个待解决的问题。

杨（Yang）、沃尔夫伯格、吴（Wu）和胡（Hwu）（2003）描述了两名年龄分别为 6 岁和 7 岁的自闭症谱系障碍儿童与正常儿童共同参与综合性游戏小组的情况。他们所进行的干预以综合性游戏小组模式为基础，这种模式假定儿童可以通过角色扮演的方式来理解社会文化环境，且环境元素（如视觉材料）能够帮助儿童在自己的环境中与他人沟通，并向着指定目标进步。成人辅导者可以对游戏的发起进行监控，提供游戏材料，对于沟通意图、沟通策略和游戏进行指导，以帮助自闭症谱系障碍儿童在他们可以控制的范围内建立起有挑战性的目标。通过直接观察和对父母及同龄人的访谈，发现目标儿童在社会象征性游戏中取得了进步。另外，虽然没有进行直接的观察，但儿童的父母报告他们的这些进步会迁移到其他情境中。

有研究者使用调整后的综合性游戏小组的方法，对一对 6 岁的自闭症双胞胎兄弟进行干预，由 3 名经过综合性游戏小组策略培训的同辈辅导者对儿童进行指导 (Zercher, Hunt, Schuler & Webster, 2001)。这些同辈辅导者在接受训练期间，需要学会识别游戏场景，练习使用玩具和道具，并学习不同游戏主题的剧本。另外，他们还要学着去提示目标儿童在游戏过程中需要做什么，说什么。训练儿童发起、回应和维持互动，并持续参与游戏。在连续 20 周每周一次的游戏活动中，成人训练者只是给予同辈辅导者支持，并不与目标儿童直接进行互动。在最后的 5 周时间里，由同辈辅导者独立实施干预，成人辅导者不给予他们任何支持。这就要求同辈辅导者必须较好地掌握干预期间所学的训练策略。训练结果显示，目标儿童的共同注意行为、参与象征性游戏及语言使用的次数均有所增长。其中一名儿童在干预期间发起社会互动的次数增加了，但另一名儿童则没有出现这种情况。该研究通过利用剧本和同辈辅导者，为自闭症儿童提供了发展性较为适宜的游戏机会。在干预的最后阶段，由同辈辅导者来构造游戏场景，这时他们可以根据自己的兴趣进行选择，并且考虑目标儿童可能会对什么感兴趣。

通过这种方式，所有的儿童都会喜欢游戏中的玩具和环节，由同龄人领导自闭症儿童进行游戏，游戏也会变得更加自然。甘茨（Ganz）和弗洛雷斯（Flores）（2008）也进行了一项很类似的研究，结果显示，两名被诊断为自闭症谱系障碍的学龄前儿童在干预中增多了与游戏有关的语言。

通过发展性游戏小组进行社会学习的另外一种方法是"社会沟通、情绪管理和交流支持"程序。这套为幼儿和学龄儿童开发的程序以巴里·普利赞特（Barry Prizant）和艾米·韦瑟比（Amy Wetherby）所设计的干预模式为基础，此模式把目前应用行为分析的实践成果整合到了发展框架中。该模式的 3 个组成部分如下：

·社会沟通：包括训练儿童共同注意的能力、使用符号的能力和象征性行为。

·情绪管理：一种使用感觉、运动或认知和语言策略来调整情绪和行为状态的能力，也包括利用他人来调节情绪的能力，以及在激动或混乱时抑制情绪的能力。

·交流支持：利用视觉材料、团体支持或朋友、家庭和专业的支持来应对困难的情境。

通过契机式教学和有效的社会环境，可以促进儿童社交技能的发展(Prizant, Weatherby, Rubin & Laurant, 2003)，SCERTS 程序的许多基本成分正是以这方面的研究为基础的，另外还包含了目标共同注意、游戏和互动中的象征性陈述等要素，总体来说这一模式尚未受到严格的检验。不过，该模式十分强调自闭症谱系障碍儿童在自然的环境中进行学习，并与同龄人及其他社会成员进行互动。

SCERTS 程序并不坚持"所有的学习都在同龄人的社会小组中发生"这一观点。成年人也可以对儿童进行社交训练，但目标应该是使儿童以后能与同龄人进行更多的日常互动。这一程序强调对儿童游戏技能的训练，例如，教儿童发起或参与一项社会日常活动等（http://www.scerts.com/docs/）。另外，到目前为止，关于儿童如何学习、干预的前提和干预策略的假设，均是以近 20 年的自闭症谱系障碍干预的一般研究文献为基础的。因此，关于该模式促进自闭症谱系障碍儿童社会性发展的数据较少，还不足以支持这种模式的使用。但是，其中有至少两项大范围的研究正在进行中，用以检验完全应用该模式时的效果。

前语言情境教学是另外一种以游戏形式进行的干预，它属于"反应式教育／前语言情境教学"研究的一部分，目的是训练儿童的社会沟通能力（Warren et al, 2008; Yoder & Stone, 2006）。其完整的干预模式中，包括训练父母帮助儿童学习社会沟通的策略（在本章后文中详述）。在此，举一个例子来说明可以通过游戏训练自闭症谱系障碍儿童进行社会沟通。

在游戏中，治疗师与儿童一对一地进行训练，通过玩具或活动完成一系列的游戏过程，直到儿童对于沟通产生较高的积极性为止（Yoder & Warren, 1998）。治疗师需要让儿童参与到多种游戏中，然后阻止其继续进行游戏，这样可以让儿童有机会注意到自己其实希望活动能够继续下去。治疗师可以使用一些有形的提示，使儿童看见并提出继续进行活动的请求。只要儿童能够一直坚持完成活动，治疗师就可以尝试进行形式更复杂的沟通，如将儿童的注意力吸引到某一物体或活动上（即建立共同注意）。

尤德（Yoder）和沃伦（Warren）（1998）在研究中发现，儿童在与成年人或同龄人交流时的应答能力，不仅依赖于儿童与成年人一对一地进行社会互动技能的练习，也不仅是在由一位成年人和几位同龄人组成的小组中进行练习，还依赖于父母在家中如何与儿童进行互动。这一研究结果说明，儿童不仅需要在学校接受社会互动技能的训练并和同龄人一起练习，还需要通过有父母参加的干预来促进其社会互动。

在设计游戏小组时，最好使用一个特定的干预模式，无论是上文中提到的小组，还是有相关研究或实证为基础的其他小组。

干预者至少需要考虑到以下几点：

· 自然环境的重要性，即玩具要符合儿童的发展水平，也可能需要有部分玩具低于儿童的发展水平，这样儿童能控制得更好。

· 正常发育的儿童和有特殊需要的儿童共同进行游戏，通过这种方式，可以获得最佳的示范和互动效果。

· 成人辅导者对游戏的指导程度，如是否需要介绍主题或剧本，能否允许儿童在可能的范围内发展出自己喜欢的主题。

· 如何帮助儿童管理自己的情绪，以及如何帮助儿童处理自己与其他儿童可能出现的冲突。

· 如何对游戏进行组织，使每次游戏都能顺利结束。

**案例**

查理（Charlie）的年龄是 3 岁零 1 个月，近期他进入了自己所属学区的幼儿园，接受早期干预。查理的发展测验结果表明，他相对于同龄儿童，在问题解决、接受性语言和表达性语言方面发育迟缓。他的适应能力发展也较为迟缓，因此他还没有像幼儿园的大多数同班同学一样接受过如厕训练，他不能自己穿衣服或脱衣服，在上课或吃东西时也不能坐好，并且不能与其他儿童互动。查理平时总是一个人做重复性的游戏，他经常翻书、扔掉桌上的东西、摇动线或绳子并盯着看，以及从其他儿童手上拿走他想要的玩具。查理的老师会帮助他完成幼儿园的日常活动，如晨练、挂好衣服、在上课时坐好等，虽然他们知道查理几乎听不懂讲课内容，但这样做会使他的生活更有条理。总体来说，老师们已经有了足够的经验，能够合理有序地安排好查理的一天，使他能够不出问题地完成计划中的活动。不过，他们希望能够看到查理更好地参与到同龄人的活动中，能与同学们自然地互动和做游戏。查理平时会和成年人说话，但也只是最低程度地表达自己的需要和想法。

查理的老师们希望帮助他与同龄人进行互动。目前，他似乎只喜欢进行一些刻板的游戏。由于他在与同学互动时几乎没有耐心，所以即使想要让他加入一个很小的小组，也是很冒险的。干预小组的老师们决定，让查理的发音治疗师劳拉（Laura）一对一地和他进行简单的游戏训练，以帮助他做到以下4点：①参加活动；②听取治疗师的指令；③等待治疗师的言语评论或提示；④按照规定完成活动。劳拉会通过面部表情和言语表达来增强感染力，唤起查理的情绪，使他对参与互动充满积极性。通过12次课程，劳拉一直坚持按照这样的程序来实行干预，直到查理能够跟上游戏活动，做到轮流进行游戏，并注意到他的同学。随着时间的推移，劳拉逐渐调整了程序，这样也可以使游戏得以调整和扩展，当查理能承受改变时就向前推进，当改变使他很混乱时就后退一步。

当劳拉和老师们认为查理能按照这样的流程很好地完成游戏时，他们把干预进行了扩展，让另外一名儿童加入到查理的训练中。成年人会对他们的游戏进行组织，而游戏也聚焦于帮助查理和他的同学完成一些适合3岁半儿童的社会性发展任务。就这样，儿童们与干预者会一遍一遍地复习游戏活动，直到两名儿童都对游戏程序十分熟练为止。虽然有些人可能会认为，这样坚持对游戏程序进行生搬硬套，可能导致儿童无法自发地进行游戏，但这可能是让儿童进行自发、复杂游戏等活动的必需步骤。经过多次训练，当查理和这位同学（以及其他的同学）能很好地完成这些游戏活动时，小组辅导者会让他们进行更复杂的游戏，并介绍新的玩伴给他们。以上步骤都需要考虑周到，并系统地完成。我们应抱着这样的想法，即查理需要随着时间逐渐拓展自己的游戏技能，但这种拓展要以一种不会压垮他的节奏进行。想要自闭症谱系障碍儿童融入到正常儿童的环境中，在干预时需要特别注意这种平衡性。对于自闭症谱系障碍儿童来说，加入新的人或活动是很突然的，会使他们产生混乱或冲突，导致他们无法学会在小组中进行游戏，这一点值得我们特别注意。

# 视频示范法

视频示范法 (video modeling) 可以用于训练多种技能，包括日常生活技能、团体和社会技能。使用视频示范法进行干预，最简单的形式是将榜样的行为录制下来用于学习，例如整理床铺、过马路前先向左右看一下，或者在休息时间加入一年级的小组进行游戏。这种方法的前提条件是，自闭症谱系障碍儿童可以通过观察他人的反复展示来学习新的行为。已有证据显示视频示范可以作为一种有效的教学工具，但是我们尚未开拓出它的种种可能性。不过，现有研究既回答了很多问题，也提出了很多新的问题 (Apple, Billingsly & Schwartz, 2005; Ayres & Laugone, 2005; Charlop & Milstein, 1989; LeBlanc et al, 2003; Litris, Moore & Anderson, 2010; Nikopoulos & Keenan, 2007; Schreibman & Ingersoll, 2000; Sherer et al, 2001; Taylor, Levin & Jasper, 1999)。关于使用该策略及其突出问题的文献综述，可以帮助读者们了解使用这种方法对于特殊儿童的有利之处和不足之处。

示范法可以作为一种学习的策略，这是以阿尔伯特·班杜拉（Albert Bandura）的理论作为基础的，他提出当一个人观察到他人因为一种特定的行为而受到奖励时，他模仿这种行为

的可能性会提高 (Sherer et al,2001)。在过去的 50 年里，这一理论在人和动物的身上都多次得到证实。然而，对于自闭症谱系障碍儿童来说，仍然存在两个问题，一是他们通常无法靠直觉学习模仿，二是一般对于正常儿童具有强化作用的奖励，可能并不能提高他们的积极性。我们在对儿童使用视频示范策略时，必须先处理这两个问题。

许多研究者都指出了视频示范作为自闭症谱系障碍儿童与青少年的教学工具的优势之处：

· 大部分儿童与青少年都喜爱电视、视频和电影。

· 视频这种媒介很容易吸引儿童的注意，可以避免儿童对无关的事分心。

· 这种媒介可以减轻儿童的焦虑，因为在观看视频的过程中几乎不需要实时的社会互动。

· 这种策略恰好对应了许多自闭症谱系障碍儿童的视觉偏好。

· 如果有需要，我们可以轻松地重复利用视频。

· 随着时间的推移，这种方法可以得到更多的加工和改善。

沙洛普-克里斯蒂（Charlop-Christy）、乐（Le）和弗里曼（Freeman）（2000）进行了一项研究，这是关于视频示范法最成功的研究之一，结果表明自闭症谱系障碍儿童可以学会自发地和他人打招呼、参与游戏活动、学习语言，并且其中的部分技能会出现迁移。研究者强调，儿童必须首先要具备一定的模仿能力，并且能够注意到多条突出的线索，将无关的视觉和听觉信息筛选出去。因此，要使用视频示范策略，儿童需要事先接受详细的直接指导，并进行重复的练习。

　　谢勒（Sherer）和皮尔斯（Pierce）（2001）使用视频示范策略对 5 名发育迟缓的 7 岁自闭症谱系障碍儿童进行训练，使他们能够在不同的游戏场景中与他人对话。研究者准备了许多剧本，训练自闭症谱系障碍儿童与正常发育的儿童一起按照剧本进行游戏。在游戏过程中对自闭症谱系障碍儿童进行积极的提示，并将游戏过程录制下来。然后，研究者会把成人提示的部分剪辑掉，让儿童只看到自己在说话或回应别人的话。几周之后，有 3 名儿童可以在没有提示的情况下独立地回应别人，他们在这方面的能力明显有所增强。而另外两名儿童即使在 50 多次训练之后都没有表现出应答能力的增强。另外，当我们用其他问题来测试行为是否迁移时，那些在测试阶段才学会回应的儿童不如其他儿童的表现好。研究者推测表现好的儿童可能具有较好的言语记忆能力，但这一点并没有经过正式的检验。

　　视频示范法与我们训练自闭症谱系障碍儿童进行社会应答的其他策略一样，迁移是其中的关键。如果不把儿童的学习扩展到不同的对象和环境中，那么即使儿童以最完美的表现完成了任务，也是没有意义的。在一项训练儿童观点采择的研究中，参与者是 3 名 7 至 13 岁的自闭症谱系障碍儿童（他们的心理年龄分别相当于 5 岁、6 岁、15 岁），研究者向他们展示了一段经典观点采择范式的视频，即聪明豆（Smarties）任务（LeBlanc et al, 2003）。在这一范式中，儿童会看到一个人（A）拿着一盒糖果，而另一个人（B）在旁观。当 A 离开房间时，B 把糖果替换为其他东西，并按照原样密封好盒子。当 A 回到房间之后，询问儿童 A 会认为盒子里装的是什么（盒子上贴着糖果的标签 "Smarties"）。一个没有看到糖果被替换的人会仍然认为盒子里装的是糖果，而缺乏观点采择能力的儿童无法理解这一点。

在这个实验中，研究者向儿童呈现录像，录像的聪明豆场景中出现的是成年人，在录像暂停时询问儿童发生了什么，以此来评估他们的观点采择能力。研究者对儿童进行重复的训练，直到每名儿童都能正确地回答问题为止。在一个月之后的跟踪测试中，3 名儿童中有两名通过了测验，当研究者改变了实验材料并询问新的问题时，结果也是相同的（LeBlanc et al, 2003）。目前我们尚不清楚儿童是否能将观点采择的概念应用到实际生活中，我们只能以一种非常具体的方式训练他们完成任务。我们也不确定为什么其中一名儿童的表现不像其他两名儿童那样好。由于正常儿童一般在 3 到 4 岁之间发展观点采择能力，我们让心理年龄为 5 岁的自闭症谱系障碍儿童学习这种技能是否现实呢？毕竟，儿童学习观点采择是为了将它概念化地应用到日常关系中，而不是为了完成具体的任务。

阿普尔等（Apple et al）把视频示范策略与自我管理策略相结合使用，训练两名自闭症谱系障碍儿童在社会情境中相互称赞（Apple et al, 2005）。根据教师的推荐，研究者选择了几名正常发育的儿童在录像中进行演示，录像长度约为 1 分钟。研究者向儿童展示了多段录像（其中有多个榜样），在录像放映过程中，成年人会对其中与称赞有关的内容进行说明。研究者希望通过观察来监测目标儿童在自由游戏期间发起称赞次数的增加，但没有观察到想要的结果。最后，由教师为表现出该行为的儿童提供奖励，并训练其他的同龄人帮助这名儿童，一起为目标儿童提供发起称赞的机会。这样的策略效果最好。当取消奖励时，这名儿童也会继续称赞其他同伴，但另一名儿童则不会。

为了探究儿童对于这样发起谈话是否具有积极性，研究者另外使用了自我监控策略。一名儿童使用手腕计数器，另一名儿童使用清单，当他们开始称赞对方时进行自我报告。加入了这种策略之后，两名儿童称赞对方的次数都有所增加。在这里，视频示范策略与自我监控策略的效果是相辅相成的。不过，研究者认为安排多名榜样可以使儿童以更灵活的方式学习称赞他人。

当研究者把视频示范法与其他实证策略结合起来看时，发现视频示范法可能比应用行为分析、自我监控、同辈辅导（peer tutoring）和社会故事更为有效（Darden-Brunson, Green, & Goldstein, 2010; Gena, Couloura & Kymissis, 2005; Litris et al, 2010）。使用这种方法时，重点是要注意通过视频示范所展示的课程要符合儿童的年龄和发展水平，也要适合于儿童的接受性语言和表达性语言能力，并且还要考虑到儿童目前的游戏技能以及对儿童有意义的激励策略。

尼克普勒斯（Nikopoulos）和基南（Keenan）（2003）对3名被诊断为自闭症谱系障碍的6岁儿童进行干预，这是使用视频示范法进行复杂的社会行为训练的一个很好的例子。3名儿童都具有一定的语言和模仿言语能力，且都表现出大量限制性的重复行为。研究者选择了榜样儿童，这名儿童经过训练，会表现出发起谈话的行为，而播放的录像长度不超过30秒。研究者在使用视频示范策略之前，需要确保儿童具备一定的模仿能力，并且能够在座位上注意录像至少1分钟。目标儿童每天看录像 2 到 3 次，每次时间约为 5 分钟（向儿童展示几段录像，分别表现行为的不同方面），录像中的榜样儿童会走近作为实验者的成年人，并说"我们一起玩吧"，然后挽着实验者的手领着他 / 她去拿玩具。榜样儿童与实验者会一起玩 10 秒钟。当目标儿童学会了这一系列行为后，再继续通过视频示范法学习其他方面的社会性游戏。最后，所有的目标儿童都完成了在游戏中与他人进行一系列社交活动的学习。研究者注意到，有一些儿童在 9 到 10 次视频示范课程之后就会有所进步，但另一些儿童需要 30 或更多次课程后才能理解社会场景并表现出相应的行为。事实证明，儿童在其他情境中发起会话的能力和游戏能力会出现部分迁移。

总体上看，有许多强有力的证据表明，视频示范策略对于儿童新的社会行为的发展十分有效，因为干预者在应用这种策略时会进行周到的考虑和个性化的设计，使其适合于儿童自身的学习能力和所处的特定环境。使用视频示范法时需要牢记的要点如下：

·儿童必须具备一定的模仿能力（可以是运动能力或发声能力，根据要学习的内容而定）。

·儿童能够对录像保持注意至少 60 秒，有时可能需要使用强化物来保证这一点。

・儿童将要学习的技能必须被分解为最基本的几部分。

・先让儿童完成一些简单、具体的任务，不要先安排社会性任务，这样有助于检验儿童对学习策略的理解能力。

・选择儿童所要学习的行为时，要考虑到其发展水平。

・视频中的榜样最好是儿童，而非成年人。

・确保所选择的社会行为是适合儿童及其所处的社会环境的。

・做好准备，因为视频可能需要重复呈现多次。

・对于挑战行为，可以录制目标儿童在挑战行为发生之前、发生之时和发生之后的情况，然后把其中挑战行为的部分剪辑掉，再播放给儿童看，这样可以促进行为的改变。

**案例**

亚当是一名被诊断为自闭症谱系障碍的 7 岁儿童，他的智力功能处于边缘水平，接受性和表达性语言能力则低于平均水平，这与他的智力水平是相当的。他在普通学校上二年级，学校有资源教室，平时他会在助教的帮助下学习阅读和数学课程，并学着在上课、课间和午餐时进行适当的社会活动。亚当对于其他同龄人的兴趣是不断变化的，如果他们讨论的是他喜欢的卡通片（适合于正常幼儿水平的，如《小建筑师巴布》和《爱

冒险的朵拉》），他就会非常感兴趣；但如果他们的谈话内容
是关于足球或空手道课程，他就不那么感兴趣了。当他遇到不
感兴趣的话题时一般就会走开，而当他谈论起卡通片时其他儿
童就会孤立他。亚当的助教尝试着鼓励和训练他询问其他儿童
的兴趣，但他不是发脾气，就是问了问题后在别人回答之前就
走开了。他不仅意识不到别人会怎样看待他的行为，也不能理
解谈话是具有相互性的。也就是说，如果他能够跟别人谈一些
有关空手道的话题，其他儿童可能也会愿意听他讲一个自己喜
欢的卡通故事。亚当希望自己能有朋友，但依据文兰适应行为
量表的结果，他对于人际关系的想法和应对技巧只有 3 到 4 岁
的水平。因此，他几乎没有能力理解助教的解释，即为什么要
一直参与到与其他儿童的谈话中。而且，当其他儿童说到他不
感兴趣的话题时，他对于听别人说话的挫折忍耐力很低。

　　亚当所在学校的干预团队使用视频示范策略来帮助他发展
简单的对话交流能力。在一段录像中，两名与亚当年龄相仿的
榜样儿童坐在地板上简单地进行对话（对话次数不超过 6 次），
对话的内容是关于两人都喜欢的卡通片。在第二段录像中，同
样是这两个男孩在谈论卡通片，并接着谈到电视节目的话题。
在第三段录像中，两个男孩谈论了电视节目和棒球。在每一段
录像中，榜样儿童都以"很高兴和你成为朋友"作为相互之间

的结束语，圆满完成了对话。

　　亚当的老师们首先可以评估一下他对于观看录像的意愿，如果他看上去比较抵触的话，可以考虑提供他想要的强化物。当这一问题处理完毕后，亚当每天需要看完上述的三段录像再进行休息，期间不给予其他干预。接下来，一位干预团队的成员会让亚当与其中一位榜样儿童共同谈论卡通片及另外一个话题，并把这个过程录制下来。亚当甚至可以预先对另外一个话题进行准备，这样他就会知道需要作出什么样的谈话或回答。亚当和这位同龄人会连续几天演绎这样的场景，如果正确地做到了，干预者则对他们提出表扬。然后，亚当需要观看这些场景的录像，再进行休息。最后，亚当要与同龄人共同演绎一段有剧本的对话过程，其中包括一些他感兴趣的话题，也包括一些同龄人感兴趣的话题。如果他在任务过程中遇到了挫折，干预者会提示他坚持下去，这段录像中他关于挫折的表达会在后期被剪辑掉。亚当会在录像中看到他自己很好地应对了这种情境并很好地进行了对话（虽然只是很简单地），他需要反复观看录像，直到他习惯这种程序为止。一段时间后，干预者和助教可以引导他们讨论新的话题，通过这种方式，亚当可以拓展他的话题范围。

　　我们会发现，这种干预方法实施起来并不简单。它可能需要持续几周的时间，并且间歇性地进行，才能使亚当习惯于这一套新的行为。不过，如果亚当能够学会与他人讨论他们的兴趣并允许话题的转换，这样也许能让他拥有朋友，从长远的角度看，这种收获是很值得的。

## 同辈辅导法

同辈辅导法是指由若干名正常发育的儿童与一名自闭症谱系障碍儿童共同进行活动，通过这种方式促进目标儿童的社会性发展（Laushley & Heflin, 2000; Odom & Strain, 1986; Paul, 2003）。我们知道，"教师"一词大多是指传授一项具体技能的人，而"导师"一词一般是指值得信任的朋友、咨询师或老师。这两个词均出现在目前的研究文献中，通常是可以互换的。

美国法律规定，在学校里，自闭症谱系障碍儿童要在限制性最小的环境里接受教育，以保证他们可以接触到正常儿童。但是，只是接近正常发育的儿童并不能促进自闭症谱系障碍儿童的社会性发展和社会互动能力（Odom & Strain, 1984）。正常儿童与自闭症谱系障碍儿童可以在指导下充分地进行互动。此外，学校职员和其他干预者还可以改变环境，使儿童有更好的同伴接纳和社会互动，并使其能力迁移。教师对自闭症谱系障碍儿童的接纳水平以及对儿童参与社会活动的期望，都会严重影响正常儿童对自闭症谱系障碍儿童的回应（Mikami et al, 2010）。

同辈辅导者是指经过训练后与目标儿童建立友好关系的儿童，训练的水平可以根据儿童的年龄和干预的焦点而改变。在班级范围内的干预需要全体儿童共同参与，可以分为两人一组或 3 人一组（两名正常儿童和一名自闭症谱系障碍儿童）进行（Goldstein & Cisar, 1992; Goldstein, Kaczmarek, Pennington & Shafer, 1992; Kamps & Garrison-Harrell, 1997; Pierce & Schreibman, 1997），一般会取得良好的效果。

甘培尔（Gumpel）和弗兰克（Frank）（1999）证明了同辈辅导者可以帮助那些遭遇社会拒绝的儿童，使其社会互动能力得到发展。一项研究通过同班的同辈辅导者来训练班里注意力缺陷/多动障碍儿童，结果显示五年级学生的学习情况首先有所改善，另外，在班级中的行为和活动水平、任务参与情况和分心的行为也有所改善 (DuPaul et al, 1998)。另一项研究也验证了同辈辅导的效果，其参与者为 4 名遭遇社会拒绝的男孩，研究者在干预过程中观察到这 4 名男孩间都产生了频繁的积极互动 (Spence, 2003)。这项研究中比较特别的一点是，目标儿童是两名幼儿园学生，而同辈辅导者则是两名遭遇社会拒绝的六年级学生。同辈辅导者在成年人的指导和训练下，学习了自我监控等技能。4 名男孩在研究中都取得了进步。对自闭症谱系障碍儿童进行干预是具有挑战性的，因为一般可以激励正常儿童保持或改变行为的社会强化物，对他们可能没有效果。不过，这对于一部分儿童可能是具有足够激励效果的。

在幼儿园里，戈德斯坦和奇萨（1992）让一名自闭症谱系障碍儿童与两名正常儿童组成 3 人小组。虽然儿童的年龄在 3 到 5 岁之间，但他们的接受性和表达性语言能力处于 3 岁水平。研究者在建立了 3 个 3 人小组之后，发现所有的自闭症谱系障碍儿童与同龄人的互动频率都很低。成人训练者在 3 个装扮游戏场景中使用言语剧本对儿童进行训练，并指导他们表现出一系列的行为。每个场景里都包含 3 个角色，因此每名儿童都可以参与到扮演中。每天对儿童进行 15 分钟的训练，成年人使用提示对儿童进行指导，每个小组中的每名儿童都要学习扮演所有的角色。训练者要根据目标儿童的发展水平，对剧本的语言和复杂程度进行调整。这种训练需要一直持续到每个儿童都能独立表现出每个角色的 80%。接下来，训练者要观察儿童在自由游戏期间的行为，并记录这段时间内儿童有关于训练主题的游戏行为数量的增长，以及自闭症谱系障碍儿童与主题有关的社会行为的频率、与主题无关的社会行为的增长。在这种场景下，儿童结构化地按照剧本进行游戏，成年人会稳定地给予提示。不过，关于这种社会互动行为的增加是否会随着时间而迁移到其他游戏场景和游戏对象上，有待进一步的研究。

在前文的"发展性游戏疗法"一节中，提到了沃尔夫伯格针对学龄前儿童的综合性游戏小组干预模式，它在很大程度上是依赖于同辈关系对自闭症谱系障碍儿童社会互动的促进作用。

已有研究显示了使用同辈辅导法对幼儿进行干预的良好效果，这项研究在班级范围内开展，干预对象是两名被诊断为自闭症、智力处于平均水平的 5 岁儿童（Laushey & Heflin, 2000）。首先，幼儿园班级中的所有儿童要一起学习人与人之间的相同点与不同点，老师和训练者会做示范，展示他们彼此之间的异同点。这一训练能使儿童学会如何根据相似性和差异性来选择朋友，接下来他们将加入"伙伴系统"。每个儿童的名字都印在了一张索引卡上，每一天儿童都需要与不同的伙伴组成小组。研究者对儿童的指令是："和你的伙伴在一起，和你的伙伴做游戏，和你的伙伴交谈。"儿童在约 15 分钟的"伙伴时间"里，会逐渐理解我们对他们的期望。在开始时需要加入强化过程，后来儿童就不需要强化了。这样训练一段时间后，自闭症谱系障碍儿童的社会行为数量有了很大的提升，包括要求获得一件物品或回应他人、用适当的方法吸引他人注意、排队等候、在他人说话时直视他人等。研究者提出，对所有的儿童进行训练，可以使目标儿童习惯于与多种不同性格和不同风格的人进行互动，这与他们在日常生活中所遇到的情况是相似的。

皮尔斯（Pierce）和施赖布曼（Schreibman）（1995）利用自然强化和环境改变来提高小学生的社会互动能力，这一研究显示出同辈辅导法的良好效果。在这项研究中，两名10岁的男孩通过成年人的示范、直接指导以及角色扮演训练，学习如何与两名自闭症谱系障碍学生（均存在智力障碍）进行互动和沟通。在几周的干预之后，自闭症谱系障碍儿童的互动更加频繁了，他们可以向他人发起谈话。其中一名儿童在与一名没有接受过训练的同龄人一组时（用于检验迁移）也有这样的表现。这两位研究者的另一项研究也取得了良好的效果，参与者为两名男孩，年龄分别为7岁和8岁，其中一人智力轻微损伤，另一人智力处于边缘水平（Pierce & Schreibman, 1997）。在这项研究中，8名正常儿童通过训练，学习使用直接指导、角色扮演及示范和反馈法促进目标儿童社会性行为的增加。干预开始之后，自闭症谱系障碍儿童增加了向同龄人发起社会互动的次数，而这些同龄人是未经训练的，这就体现出了迁移的效果。

卡特（Carter）和他的同事（Carter, Cushing, Clark & Kennedy, 2005; Carter, Cushing & Kennedy, 2009; Carter & Hughes, 2005）已经证实了同辈辅导的干预方法对于智力障碍青少年的良好效果。在干预中，研究者可以为目标学生指定一位同龄人，让他们自由地活动一段时间，或者有计划地让一位或多位同龄人与目标儿童一起完成某项任务。休斯等人（Hughes et al, 2002）曾指导正常发育的青少年在课余活动中"像朋友一样地"与自闭症学生进行互动。这样做使目标学生的社会互动和沟通行为有了很大的进步。需要我们特别注意的是，很多研究都是针对智力障碍的青少年而进行的。

正常发育的儿童在接受过训练之后，能够学会与自闭症谱系障碍儿童进行互动的特定策略来帮助他们学习和练习各种各样的社会行为。一般来说，这往往会比让他们和没有接受过训练的儿童一起玩更加有效。坎贝尔（Campbell）（2006）的研究表明，如果正常儿童能够提前了解到一些关于目标儿童的描述性信息，那么在和目标儿童一起活动时可能就会对他们有更多正面的感觉和想法，这些描述性的信息包括目标儿童喜欢什么、不喜欢什么，他们的性格和一些说明性的信息（即自闭症谱系障碍的基本信息）。此外，正常儿童如果了解了这些信息，也可能更容易接受与自闭症谱系障碍儿童进行互动的过程。

关于在同辈辅导课程开始之前，需要给同辈辅导者提供"非精细"还是"精细"的训练，巴伦（Barron）和富特（Foot）（1991）比较了两种方法的效果。如果要进行非精细的训练，需要向同辈辅导者解释执行任务必需的步骤和规则，而进行精细训练时不仅要做到这些，还要让他们懂得任务获取的根本规则。我们需要观测目标儿童的表现以及同辈辅导者和目标儿童之间的互动质量。跟接受过精细训练的同辈辅导者一起活动的儿童表现会更好，互动质量也会更高。因此，同辈辅导者事先接受的训练越全面，越有利于他们在活动中与目标儿童进行社会互动。

戈德斯坦（1992）和他的同事们在训练同辈辅导者时，对每一种特定的策略进行了海报展示、解说和角色扮演。凯尼格等（2010）则通过幻灯片展示和发放手册的方式对同辈辅导者进行训练，向他们解释自闭症谱系障碍儿童体验世界的一些方式。另外，同辈辅导者会得到与目标儿童进行互动的具体指南，并了解什么时候需要向成年人寻求帮助（图 5.1）。同辈辅导者需要学习对期望发生的行为进行提示和强化。

同辈辅导者的年龄一般需要与自闭症谱系障碍儿童相同，或比他们略大。如果同辈辅导者的年龄比目标儿童大很多，例如，同辈辅导者 14 岁，一个 10 岁的儿童可能不会把他/她视为伙伴，那么想要儿童与伙伴进行互动的目标就会无法达成。

成为同辈辅导者的主要标准，是他们对于参与这种体验很感兴趣，他们理解自己是特殊的角色，并能够应对目标儿童的各种行为。根据坎贝尔（2006）的记录，最好的同辈辅导者应该是那些擅长社交或具备适当社交技能却处于社会团体（如班级）边缘的人。遭遇同龄人社会拒绝的儿童对于这种任务的胜任能力会较差一些。

奥多姆和斯特兰（1984）的研究表明，如果同辈辅导者想要一直在不同环境中保持积极的参与状态，可能会出现"疲劳效应"。当同辈辅导者对自己的角色感到劳累时，他们对于目标儿童的关注会减少，干预效果也会降低。也就是说，同辈辅导者在干预进行一段时间后就会感到疲劳，并且在工作中不像以前那么努力。为了防止这种情况发生，奥多姆主张对同辈辅导者采用激励或强化机制。社会赞许或者在结束工作时的一杯饮料都可能有很好的作用。

为了更好地执行同辈辅导计划，我们需要考虑到以下几点：

·目标儿童是否具备一些基本的能力，如模仿能力和共同注意能力？对于不会模仿的儿童需要进行结构化的教学、提示和强化，这样有利于目标儿童向榜样儿童学习。一旦他们具备了模仿能力，就可以不需其他指导而向榜样进行学习。

·什么样的社会互动技能最适合目标儿童的发展水平？我

们需要考虑到儿童的发展水平可能与其生理年龄是不一致的。

·哪些同龄人适合扮演同辈辅导者的角色?

·我们有多少可用的时间来定期训练同辈辅导者? 对于他们来说, 什么样的强化物是比较合适的?

·我们如何测量同辈辅导的效果? 按照发起社交或社会应答的频次计算? 还是按照社会互动的长短 (交谈的次数) 进行计算? 或是其他的测量方法?

·如何促进社会互动能力的迁移, 如何对其进行评估?

·在干预中什么时候需要对同辈辅导者进行帮助?

·是否需要向自闭症谱系障碍儿童描述同辈辅导的干预过程, 这样做是否有意义? 还是只需向儿童简单描述其即将参与的活动即可?

## 案例

哈瑞森 (Harrison) 是一名 11 岁的男孩, 他被诊断为自闭症谱系障碍, 但不存在智力障碍, 实际上他的智力功能很优秀。哈瑞森在普通学校上五年级, 他的学习成绩很好, 但他平时很少跟他人有社会互动。他会回答别人问他的问题, 但很少自己发问, 他一般也不和同学说话。他的父母说, 当他们让哈瑞森

**自闭症谱系障碍儿童可能会：**

· 在理解语言方面存在困难，尤其是对一些复杂句子的理解。

语言要简洁。

· 对于自己看不见的东西很难理解，比如"昨天"和"下个星期"。

对于比较抽象的事物，可以考虑用图片来进行教学。

· 他们很难知道自己的声音是过大还是过小了。

直接告诉儿童他们说话声音太大或太小了。

· 当他们需要把手放好时，他们却有可能随意去触碰别人。

告诉儿童"把手好好放在身体两侧"。

· 一遍又一遍地问同一个问题，或说同样的话。

有时我们可以反复地回答问题；有时我们要忽视掉他们的话，看看他们是否不会再继续说了。通常我们可以引导儿童说一些其他的事。

· 被一些我们看来不太重要的东西所吸引，以致分心。

告诉儿童按照同龄人的示范来做事。

· 在他人说话时，不能直视他人的脸。

告诉儿童看着别人。

· 比同龄人更容易感到受挫。

团队领导者需要注意识别哪些情境会让儿童感到受挫，然后对情境进行调整，让儿童处理起来更加容易。在儿童对自己的行为失去控制时，我们要想出一些方法让儿童更好地控制行为。

图 5.1 同辈辅导者须知

参加大家庭的活动时，他看起来很乐在其中，但不会主动与他人谈话。他们还报告哈瑞森在自我照顾能力、游戏能力和总体运动能力上发展迟缓。哈瑞森需要别人提醒他洗澡、刷牙、穿干净的衣服。他没有参加并享受过装扮游戏，他更喜欢一个人的活动，如玩乐高积木或看视频。哈瑞森在做游戏时过于刻板，已经到了不符合他的期待他就尖叫并离开的程度。另外，他不会骑自行车，除了喜欢玩蹦床之外，不喜欢参加其他的户外活动。哈瑞森的父母和老师希望他在学校里和放学后都能有更多的社会互动，并参与更多社会活动。

哈瑞森的干预团队决定让他与正常发育的同学一起加入同辈辅导计划。由于哈瑞森的社会能力相对于同龄人较差，他们选择了 3 名五年级的儿童，这些儿童具备一定的社会能力，但与哈瑞森的发展水平较接近——即喜欢的游戏和互动都与哈瑞森的爱好相接近。因此，哈瑞森的同辈辅导者并不属于具有团队精神、爱好竞争性游戏的运动型儿童，而是一些喜欢建筑类活动的儿童（举例来说）。干预团队的两名成员约见了候选的同辈辅导者，向他们解释活动内容，并评估他们的兴趣。3 名儿童同意参加这一计划，并参与了 4 次实践课程，学习如何与哈瑞森相处。同辈辅导者学着与哈瑞森开始谈话，并邀请他加入游戏，对他的回应进行强化，并主动进行哈瑞森感兴趣的游戏。当哈瑞森尖叫或表现出消极情绪时，同辈辅导者会向成年人寻求帮助。一旦儿童们对于这些行为都感到适应了，干预者就会安排定期的时间表，让他们按照事先定好的时间长度进行游戏（每周进行 4 次，每次 20 分钟），以促进其社会互动水平的提高。起初成年人可以提示同辈辅导者请哈瑞森参与游戏，一段时间后随着同辈辅导者的熟练可以逐渐减少提示。干预者会鼓励每个人放轻松并玩得愉快。

随着哈瑞森和同龄人不断进行游戏，干预者要训练同辈辅导者把游戏扩展到包含更多不同的主题和活动。同辈辅导者需要通过提示和强化（表扬），使哈瑞森一直参与到游戏中。哈瑞森同时还可以跟他的职业治疗师一起练习骑自行车，这可以使他做好准备，以后有机会时和朋友们一起骑自行车。

进行这样的游戏几个月之后，哈瑞森的干预团队中逐渐加入了新的同龄人，第一批同辈辅导者可以训练他们如何让哈瑞森一直参与到游戏中。哈瑞森母亲为他安排好游戏时间，每段游戏的持续时间是有限制的，而且事先要对他的行为有结构化的控制，并清楚地进行指引。如果这种方法成功了，我们就可以重复这一过程；如果没有成功，哈瑞森的母亲就需要和团队成员讨论哪些步骤是有效的，哪些步骤进行得不顺利，通过这种方式我们可以排查出问题，并对干预方案进行调整。

# 技术化教学

大约在过去的 15 年内，技术的进步对于自闭症谱系障碍儿童的干预产生了一定的影响，这种影响表现在他们一般的日常生活和社会互动等方面。定时器、寻呼机、手机、计算机化教学、手腕计数器、电视和视频、互联网应用程序和蓝牙应用程序的使用，已被证实均可以促进儿童的学习效果。虽然这些技术手段可能还很新，需要进一步地细化发展，但它们也很值得我们去研究，以了解未来我们可以利用哪些技术，以及如何利用好现有的技术。新的技术有两大令人兴奋的优点：①可以应用于不同认知能力的自闭症谱系障碍个体；②它们是与时俱进的，即当今社会每个人都在使用这些技术，所以自闭症谱系障碍儿童也不应例外。

视觉定时器是早期用于帮助自闭症谱系障碍儿童管理日常任务的应用技术之一。在个体日常生活环境中的醒目位置上放置定时器，用来帮助个体估计完成特定任务所需的时间，并检验这段时间是否符合自己的期望。一段时间后，我们会清楚地发现显示时间流逝的定时器对个体的帮助很大。另一项附加的技术应用只是一块简单的带有闹钟的手表，它可以提示人们继续进行下一项活动。当一位年龄较大的儿童、青少年或成年人学习了一系列任务，并学会了用听觉提示作每项任务的信号之后，我们就可以使用手表来提示他们进行下一项活动。只要被提示的人能够保持警觉并对提示作出回应，这种听觉提示就会十分有效。这样的提示方法有利于帮助自闭症谱系障碍个体培养其独立办事能力。

手机对于自闭症谱系障碍学生是非常有帮助的，即使他们只具备最低程度的言语能力，在困惑、迷茫时也可以通过手机联系到成年人。泰勒、休斯·理查德（Richard）、霍克（Hoch）和柯埃略（Coello）（2004）曾对 3 名自闭症谱系障碍学生进行训练，让他们携带有震动功能的寻呼机和写有相关联系信息的索引卡片，在社区环境里与一位成年人待在一起。接着，成年人会离开他们的视线，然后激活寻呼机。这时学生应该走近社区里的另一位成年人，比如一位商店店员，然后向这位成年人出示索引卡片。卡片上会写着最初那位负责的成年人的联系方式，并写着请求读卡片的人与学生待在一起，直到负责的成年人找到他们为止。

霍克、泰勒和罗德里格斯（Rodriquez）（2009）对一些言语能力只有 3 到 4 岁水平的自闭症谱系障碍青少年进行训练，使他们能够使用手机和配对的索引卡片在繁忙的环境中（如杂货店、商场等）寻求他人的帮助。在这项研究中，青少年们经过训练，能够接听手机来电并按照指引去寻找一位可以负责的成年人，对他／她说"打扰一下"，并把索引卡片交给他／她，卡片上写着："我迷路了，我不太会说话，我正在和我的老师通电话，请和我的老师进行交谈，我有自闭症。"经过在学校中与熟人进行多次练习之后（至少 10 到 15 次），学生可以在社区里与不了解这一计划的成年人进行练习。

这项研究中存在一个问题，即社区里的成年人不一定会对走近自己的学生进行回应。因此，研究者一般会训练儿童去找商店店员或社区官员，如警察等，这样可以保证较高的成功率。研究者指出，虽然大多数自闭症学生可以学会使用手机，但只有 28% 的自闭症谱系障碍青少年或成年人有手机，相比之下，正常人群中有 89% 的人有手机。由于手机的使用已经非常广泛，我们需要让他们进行定期练习，使这种能力能够维持并迁移。

我们还可以使用一些其他设备进行干预，如寻呼机或手持计数器（如高尔夫比赛中的计分器）。寻呼机可以提前设定时间，用来帮助儿童或青少年记得完成特定的任务。安吉尔西（Angelesea）、霍克和泰勒（2008）为 3 名自闭症谱系障碍青少年提供了振动寻呼机，这 3 名男孩平时吃饭的速度太快，因此别人会指责他们的行为。研究者训练每个男孩只能在寻呼机振动时吃一口饭，寻呼机秘密地藏在他们的口袋里，因此这个提示并不引人注目。男孩们需要忍耐,等待寻呼机出现信号时才能吃东西,然后就要停下,等待下一次信号。寻呼机每次振动的间隔是变化的,这样可以使他们吃饭的节奏更自然,并且可以帮助他们与寻呼机的频率协调一致,而不是仅仅按照时间间隔来吃饭。研究结果表明,3 名男孩在接受了这样的训练之后,他们在吃饭时的行为更容易被社会所接受了。

泰勒和莱文(Levin)(1998)对一名 9 岁的自闭症谱系障碍儿童进行训练,这名儿童在游戏中一直努力地想要和同龄人说话。他在普通学校上二年级,但他一般不会主动与成年人或同学说话。这名学生每天在课后接受 1 到 3 次训练,每次训练时间为 10 分钟,训练的目的是使他能够主动和成年人说话,开始时他会根据成年人的提示来进行谈话,接着研究者训练他在寻呼机振动时发起谈话。起初可以把寻呼机放在桌子上,这样在它振动时儿童就可以注意到。一段时间后,儿童把寻呼机装在口袋里,只要一有提示就开始和成年人说话。儿童与成年人说话的内容起初是要按照稿子念的,一段时间后他的言语表达就会更加丰富。最后,儿童要在日常学校生活中与其他同学一起参加各种各样的游戏活动,以寻呼机的振动作为提示,间歇性地与他人进行谈话。同学们会回应他的话,而且一般没有意识到他是依靠寻呼机来提示自己行为的。在该研究中,干预者没有进行让提示逐渐消退的步骤，但这应当是干预的下一步。

自闭症谱系障碍儿童可能会因为频繁地呼唤某位朋友或问太多的问题（在班级里）而被大家排斥。我们在耶鲁的诊疗所，帮助了许多中学生通过建立明确的规则来减少在课堂上提问的次数，我们知道，自闭症谱系障碍儿童需要别人的回应，但如果问题过多，他们的同学就会因此而感到烦躁。目标儿童要使用手机来计算自己多长时间就会问一个问题或出现某项行为，这是按照儿童与治疗师事先制订好的指南来执行的。不过，在这样的干预中，很关键的一点是要使儿童懂得，一旦他们可以得到答案（比如在班级里），他们就应该限制提问的次数。

目前我们可用的另一种创新技术是 iPrompts，这是一个在 iPhone 或 iPad 上使用的应用程序，它可以帮助自闭症谱系障碍个体理解即将发生的一系列事件、他们作出的选择、他们正在经历的事情或他们参加特定活动所需的时间。iPrompts 的使用者可以对环境中的物体或事件即时地进行拍照，这对于自闭症个体是很有意义的，可以帮助他们组织和设想即将发生的事件。使用该应用时，屏幕上会有一个定时器，也会有倒计时的视觉影像，这可以帮助使用者估计还有多少剩余时间供他们去完成某项活动。这种简单的手持设备可以通过增加动态照片和真实的时间提示，来帮助父母、教育者和社区服务者在日常生活中对儿童进行管理。

我们在前文中提到，视频示范法对于训练儿童如何分析社会情境并表现出适当行为是十分有效的（Simpson, Langone & Ayres, 2004）。我们在耶鲁对 8 到 11 岁的自闭症谱系障碍儿童进行团体干预，通过把电视节目或电影剪辑成视频，来帮助儿童理解在社交场景中能传达某些意义的社交线索、言语表达、面部表情、手势和身体语言等。我们要注意在适当的地方暂停视频，这样可以向儿童强调并使他们记住特定的线索（Koenig et al, 2010）。儿童可以说出他们认为发生了什么，这一过程也会被录制下来，接下来儿童就可以在录像中看到自己的行为并注意到自己需要改进的地方。

西尔弗（Silver）和奥克斯（Oakes）（2001）通过基于计算机的干预来训练自闭症谱系障碍儿童识别面部表情。儿童的年龄为 10 到 12 岁，英国皮博迪图片测验（British Peabody Picture Scale）的结果表明，他们的表达性词汇量达到了 7 岁及以上水平。这一名为"情绪训练师"的计算机程序包含一系列的练习，目标是提高儿童的面部表情识别能力。儿童们被随机分为两组，只有其中一组接受干预。训练的结果显示，接受治疗的一组儿童的面部表情识别能力有所提高。

研究者列举了一些可能的原因，来说明计算机为什么可以作为自闭症个体的干预媒介（Silver & Oakes, 2001, p. 302），主要有以下几点：

·把注意力集中在电脑屏幕上，可以使儿童屏蔽掉外部的无关信息。

·信息在电脑上呈现的方式是比较一致而稳定的，这样儿童就不需要去应对由人来训练时可能出现的频繁变化。

·计算机程序可以为儿童提供清晰的目标和固定的奖励。

·我们可以选择那些适合于儿童认知功能水平的程序。

田中（Tanaka）（2010）和他的同事使用电子游戏来引导自闭症谱系障碍儿童学习新的社交技能，他们设计了一套互动式电子游戏，名为"变脸（Let's Face It!）"，它可以帮助儿童识别面孔和面部表情。田中的程序是以自闭症谱系障碍儿童和青少年面孔加工障碍的研究为基础的，他们对于整体面孔的加工比对单独某一部分面孔的加工要弱，对于眼神的注意也较弱。在对79名自闭症谱系障碍儿童和青少年进行的随机临床试验中，42名儿童被分配到有电子游戏的条件下，另外37名儿童则不接受任何干预。通过电子游戏进行干预20小时后，接受治疗的一组儿童在面孔的整体特征识别能力上有了很大进步，这种整体识别一般是正常发育的儿童会使用的策略。研究者没有检验这种进步对于儿童总体社会功能的影响，不过这一研究体现了技术在促进儿童基本能力发展方面的惊人作用。

蓝牙是一种更高水平的技术。萨特艾利（Satriele）、尼博（Nepo）、金特（Genter）和格利克曼（Glickman）（2007）曾使用蓝牙开放无线技术，在社区环境中设计策略，来帮助语言能力有限的自闭症谱系障碍儿童和青少年。我们需要再次强调，社会功能不仅仅体现在娱乐活动中，它对于儿童日常生活的运转也十分重要，如买东西、坐公共汽车、乘坐电梯或去博物馆等。在该研究中，干预者训练语言能力有限的青少年使用蓝牙技术到商店去买东西。学生需要学习走进商店，选择一样要买的东西，来到结账处，在机器上刷卡，最后完成购买。这一切在干预者的指导下进行，但是干预者本人并不出现在商店里。学生可以根据一系列提示在社区里完成任务，但提示他的成年人并不需要站在他的旁边。

格哈特（Gerhardt）（2009）使用蓝牙技术对一位语言和社交能力有限的自闭症谱系障碍年轻人进行训练，使他平时能够乘坐公共汽车上下班。年轻人学着逐渐去适应蓝牙技术，并对治疗师的话作出回应。治疗师和他共同练习了很多次乘坐公共汽车的过程，在练习中治疗师逐渐拉开了与他的身体距离。经过反复的训练，这位年轻人已经可以独自乘坐公共汽车了，在有需要时他可以与治疗师保持联系。

　　除了上述技术，我们还可以通过虚拟环境和虚拟化的计算机程序对自闭症谱系障碍儿童进行干预，这是一种创新的技术，能够训练儿童识别社交线索与社会情境。目前这方面的干预数据不足，但一些研究已经开始探索其可能性（Bolte, Golan, Goodwin & Zwaigenbaum, 2010; Orvalho, Miranda & Sousa, 2009; Trepanier et al, 2008）。

　　由于每天都有新的应用程序被开发出来，使用技术化教学的方法，为我们帮助自闭症谱系障碍儿童学习新的技能，包括学习社交技能提供了许多可能性。需要我们注意的一点是，不要因为对技术本身的沉迷而阻碍我们关于儿童特殊技能和社会功能损伤的干预计划。

　　**案例**

　　玛瑞亚（Maria）是一名13岁的八年级学生，她在当地的一所普通中学上学，智力高于平均水平。玛瑞亚处于社会团体的边缘，她在吃午饭时和一些认识的人坐在一起，但她很少参与谈话，当她说话时，也会谈论一些奇怪的话题，这样谈话就无法进行下去。她只会把注意力集中在自己的话题上，不会问问题或对他人的观点表示支持，也不会参与到别人所关心的话题中。对于玛瑞亚来说同学们似乎没有明显的意义，而他们也不会在学校或课后主动联系她。玛瑞亚的干预团队成员了解到，大多数与她年龄相仿的女孩都有手机并经常互相发短信，即使是在同一个房间里也会通过发短信进行交流。为了帮助玛瑞亚以一种适合她年龄的方式参与到社会场景中，干预者决定让她的父母给她一部手机，并教她发短信，这样她的同学可能会更容易接受她。玛瑞亚的父母同意了，接下来由学校资源教室的老师教她如何使用手机及短信功能。玛瑞亚很快就明白了用法，她的下一个任务是得到她希望联系的其他女孩的联系方式。于是，她在午饭时间问了每一个人的联系方式，她们也把信息都给了玛瑞亚，只用了一顿午餐的时间玛瑞亚就完成了任务。有一些儿童表示很惊讶，她们不明白为什么玛瑞亚会问她们的联系方式。

当玛瑞亚做完这些之后，她就开始给其他人发短信，对她们说"你好"，问候最近怎么样，或告诉她们自己正在做什么。她得到最初的回答之后，会迅速回复信息，也会继续给所有的人发短信，发送得很频繁。一段时间后，回复逐渐减少了，很快地，几乎没有人再对玛瑞亚的短信进行回复。而且，对于玛瑞亚提出相聚的邀请，也没有人进行回应。

在这个例子中，帮助玛瑞亚学习使用手机并给其他人发短信是一个很好的主意，它可以使玛瑞亚以一种适合她年龄的方式加入到其他儿童的团体中。但其中也存在一个问题，即研究者没有考虑到玛瑞亚在沟通能力上的基本障碍，包括听别人说话并作出回应的能力、直接要求他人对自己作出回应的能力等。此外，研究者可能还需要教她一些发短信时的相关礼节，如不要给某个人过多地发短信。有一些方法可以使干预更加有效，如让玛瑞亚先给她的资源教室老师、父母或兄弟姐妹发短信，直到她能够正确地掌握发短信的礼节、明确地学会什么应该说、什么不应该说（即选择话题和维持话题）为止。她可能也需要学习短信中常用的一些缩写词，然后与一位同龄人进行练习，这位同龄人可以由学校的干预团队进行招募，她要同意和玛瑞亚互相发短信，并对玛瑞亚不恰当的言论和对手机不恰当的使用方式作出反馈。在这个例子中，由于玛瑞亚的同龄人都喜欢发短信进行交流，因此，她必须要学会这种社会互动的规则。

## 社交技能的团体教学

在社区、学校和临床环境中，我们会看到许多自闭症谱系障碍儿童的团体，有的包括正常儿童，有的不包括，他们一般被称为社交技能团体（Bellini & Peters, 2008）。一些学校把这样的团体叫作"午餐小组"，因为这样的小组可能是由一名自闭症谱系障碍儿童和几名正常的同学组成的，他们在吃午餐时所产生的社会经验可以作为一种示范。这样的团体中可能发生各种各样的事。一些团体按照商业出版的课程及治疗手册进行训练（Koenig et al, 2010; Tse, Strulovich, Tagalakis, Meng & Fombonne, 2007; Yang, Schaller, Huang & Tsai, 2003）；还有一些团体通过设计多种多样的活动来帮助儿童学习一些独立的行为技能，如参与谈话或进行眼神接触等（Barnhill, Tapscott Cook, Tebbenkamp & Smith-Myles, 2002; Barry et al, 2003）。另外也有一些团体会通过一些不规范的活动来测量儿童社会能力的发展，但测量目标和方法都不清晰。根据目前的研究文献，尚没有足够的理论能支持这一方法作为一种促进儿童社会能力的普遍干预方式，但有一些研究成果表明它对于儿童某些特定行为的发展具有良好的效果。关于在团体环境中所学技能的迁移，目前的相关研究较少。

佐诺夫（Ozonoff）和米勒（Miller）（1995）曾对高功能自闭症谱系障碍青少年的团体进行训练，以促进他们站在他人角度思考问题的能力。作为预期结果的一部分，他们在观点采择的具体方法上有了进步，但是一份准确、可靠的问卷结果表明，他们的总体社会能力并没有提高。韦伯（Webb）、米勒、皮尔斯、施特劳森（Strawser）和琼斯（Jones）（2004）的研究结果显示，在接受了结构化的干预之后，5 名儿童中有 4 名在行为上出现了显著的进步，但是测量结果同样显示出，他们的社会能力并没有明显的进步。在一项关于自闭症谱系障碍小学生的研究中，所罗门（Solomon）、古德林—琼斯（Goodlin-Jones）和安德斯（Anders）（2004）对儿童进行了多种多样的社交技能训练，结果他们在其中一些方面（如面孔识别能力）取得了进步，另一些方面（如观点采择能力）则没有进步。在一项为期 12 周的社交技能干预计划中，研究者训练广泛性发育障碍儿童与人交谈，结果表明儿童的社会沟通能力有所提高，但是他们的社会意识则没有显著的发展（Tse et al, 2007）。

凯尼格等（2010）对 8 到 11 岁的儿童实施了为期 16 周的团体训练计划，通过直接训练、角色扮演、练习、强化和同辈辅导等方式，训练他们的社会互动能力。在训练结束后，研究者对父母进行了访谈，父母报告儿童的社会行为有所进步，但是由父母所填写的标准化问卷的结果则显示其进步是有限的。

无论是通过直接观察所测量出的进步，还是儿童、父母或老师在访谈中所报告的结果，都是倾向于前后矛盾的。但是，这一情况可能反映出一个事实，那就是自闭症谱系障碍儿童的社会行为在团体中可能会随着情境而变化，也可能会随着儿童与其他人的熟悉程度不同而变化。

虽然结果是变化的，但还是有许多策略可以在团体情境中成功地实施，如认知行为疗法（Bauminger, 2007; Chung et al, 2007; Cotugno, 2009; Morrison, Kamps, Garcia & Parker, 2001）、结构化的训练与强化法（Ozonoff & Miller, 1995）、视频示范法、角色扮演及练习（Kroeger, Schultz & Newsom, 2007; Morrison et al, 2001; Nikopoulos & Keenan, 2003; Ozonoff & Miller, 1995）。显然，许多在团体情境中实施的实证方法都是很有效的，但我们不太确定这些方法对于团体中的其他儿童是否有特定的好处。不过，在团体中实施同辈辅导（一种实证干预方法）和实证策略（如视频示范法）可能是很有帮助的。

与团体干预效果密切相关的一点，是所训练和练习的能力能否迁移到其他对象上和其他情境中。不幸的是，大多数关于团体干预的研究，都没有进一步探索干预效果的维持随时间变化的情况及新情境中行为的迁移。很明显，如果儿童不对新学到的技能进行有计划的认真练习，并结构化地在最初的练习环境以外进行巩固，新技能就不容易出现迁移。后面这一点对于在社区和学校环境中评估社交技能团体的干预效果是很重要的。

综上所述，我们可以发现团体干预从某种程度上看具有一定的良好效果。如果一个干预团体考虑到了以下几点，那么其干预就很可能成功：

·团体成员需要经过筛选，因为我们要排除掉其他精神病性的问题对学习的干扰；如果出现了这种情况，那么相关儿童暂时不能加入团体。

·团体成员是由社会损伤和沟通障碍程度不同的儿童混合组成的。

·团体成员需要定期参加活动，至少每周见一次面，至少坚持16周，或者拉长周期，坚持24周或一整个学期更好；团体成员要保持稳定，不能只是偶尔参加活动或随意退出团体。

·可以选择一些同辈辅导者加入活动，前提是他们感兴趣并愿意参加整个活动过程。

·同辈辅导者在接受训练后要懂得利用关于自闭症谱系障碍儿童的描述性和解释性信息（见同辈辅导法），并考虑他们的需要，做出他们所期望的行为应答。

·团体活动的安排需要是结构化、可预测的。

·团体活动的设计要适合于发展特定的技能，并且可以在日常的游戏时间里进行，这样我们就可以鼓励儿童在现实的生活环境中进行活动,并练习新的技能。

· 我们需要有计划地进行一些活动,使儿童的能力迁移到新的情境中。

**案例**

凯瑟琳(Kathy)和黛比(Debbie)决定在诊所中建立一个自闭症谱系障碍儿童的社交技能团体。所有的儿童年龄都为8到9岁,其中有3个男孩,2个女孩。他们招募了两名年龄为10岁的同辈辅导者。每名儿童都经过了独立的筛选,以保证他们不会出现任何挑战行为,对其他团体成员造成危险。儿童的刻板行为不会作为将其排除在外的条件之一,因为这种行为会使社交团体不易接纳这名儿童,而使这名儿童得到接纳正是干预的目标之一。一旦选择好了儿童,父母就会拿到一份文字材料,上面写着团体活动的安排,即希望儿童每周都来参加活动,而且父母需要间歇性地与团体领导者会面,了解儿童在哪些方面取得了进步。父母需要重点提出一到两种他们认为会阻碍儿童成功进行社会交往的行为。干预者会提前向父母说明,如果儿童表现出攻击性行为或失去控制,那么儿童就不能再继续参加团体课程。因此,在团体活动过程中,父母需要在一旁等待。

选定团体成员之后，同辈辅导者要在两节各 1 小时的课程中学习自闭症谱系障碍的相关信息（这些信息符合 10 岁儿童的理解水平）和团体中每位儿童的部分信息，包括儿童的优点和弱点。他们也会得到一套指南，提醒他们如何与团体中的儿童进行互动（图 5.1）。

在每次团体活动中，大家首先互相问候，然后按照基本行为准则提纲开始活动，并对强化系统（如收到星星或筹码，用于兑换奖励）进行说明或回顾，强化物的选择仍然要根据团体中的儿童认为什么有意义而定。领导者向大家介绍活动日程，日程是通过文字和图片进行描绘的，并挂在房间里的突出位置。通常情况下，干预者会在日程里把结构化的学习活动嵌入到游戏、吃点心、自由的谈话和玩耍中，以进行伪装。在这样的团体中，领导者不会让儿童完成工作表，也不会让儿童围绕交朋友或以特定方式表现行为的重要性等话题进行扩展讨论。这些话题其实是包含在其中的，只不过儿童是通过活动或训练学习到这些的，而不是通过讨论。干预是发生在游戏过程中的，而且对于每个孩子都是个性化的。

在团体活动开展了几周之后，研究者根据观察和父母的报告，发现儿童的某些行为是需要调整的，这样可以使其提高社

| | 行为 | 初步目标 | 策略 |
|---|---|---|---|
| 安娜 | 外表不整洁;<br>说话含糊不清;<br>重复录像和电视中的对白 | 1. 改善外表<br>2. 说话更清晰、声音更大;减少重复性对白 | 团体成员会在安娜需要整理外表时,用一些信号来提示她。团体成员或许可以利用电视脱口秀的游戏来帮助安娜练习更清晰地说话 |
| 利奥 | 不断地说话;<br>重复录像和电视中的对白;<br>刻板地摇摆和走来走去;<br>无法坚持坐着不动超过一分钟 | 1. 减少其身体活动<br>2. 减少重复性对白和过多的言论 | 团体领导者在整个团体的参与下,使用强化系统来减少利奥过多的言论,同时通过提示系统来减少其身体活动 |
| 凯丽 | 持续地支配小组讨论,说话声音大,被他人打断时就会尖叫;输掉游戏就会发脾气;喜欢批评他人 | 1. 提高其对挫折的忍耐力<br>2. 减少批评性的言论和过分的话 | 在团体内开展棋盘游戏,因为它就像思考游戏和登山活动一样,是没有输赢的。选择这种活动可以帮助她更好地享受游戏,不用为输赢而焦虑。当凯丽对他人作出积极的评论时,大家会指导和表扬她 |
| 奥利弗 | 与他人谈论爬行动物和鸟类;把所有的谈话都引到以上话题上;吹嘘自己的智力;脸上沾着食物来参加小组活动 | 1. 减少有关特殊兴趣的谈话 / 减少吹嘘自己的智力<br>2. 改善外表,改善饮食习惯 | 事先决定好固定长度的一段时间,让奥利弗在团体中与大家讨论自己感兴趣的爬行动物。每次他在团体中讨论的时间要依次减少 5 分钟。团体领导者会鼓励他快点说,这样会使练习中增添一些幽默感。这样进行大约 5 次之后,他讲话的时间就不足 1 分钟了,这时他就要与同龄人一起找到新的话题 |
| 阿里 | 说话温和而枯燥;常常重复对白,也有适当的短语表达;一般不参与团体游戏或吃点心时的社交聊天;不会努力主动参加游戏 | 1. 加入到团体成员 / 活动中<br>2. 发展更复杂的谈话对白 | 同辈辅导者和一位团体领导者分别坐在阿里的两边,使他能够加入到活动中,并提示他按顺序进行活动或回答别人的问题。领导者设计了一个游戏,即让奥利弗和凯丽教卡洛斯和阿里如何与他人交谈 |

图 5.2 团体干预的初步计划

会功能。领导者为每位儿童选择了一到两个行为目标，这同样是基于儿童的学习概况和哪种行为会引起最大的问题而定的。凯瑟琳和黛比建立了工作表，来提供每位儿童的相关信息，以识别目标行为并进行处理（图5.2）。

很明显，儿童们的问题是多种多样的，但是在团体环境中他们可以一起通过训练来改变行为并提高社交能力。领导者不仅要识别出问题行为，还要考虑每一种行为中包含着什么样的资源。行为是一种交流——行为是具有意义的，因此为了帮助儿童改变行为，团体领导者首先要明确每种行为是为什么样的功能而服务的。例如，安娜说话含糊不清，是否是因为她对于"有没有人对自己说的话感兴趣"感到没有信心？为什么她的外表不整洁，在家里有人帮助她穿衣服吗？当她在房间里到处走时她能否意识到自己在哪里？利奥走来走去并重复对白性质的短语，他这样是为了不和他人互动，还是他想和他人互动却不知道该说什么？走来走去是否是为了应对焦虑？为什么凯丽对于输掉游戏如此敏感？如果她不能一直作为他人注意的焦点，她是不是就会感到被忽略？为什么奥利弗会不停地谈论爬行动物，而且总会把谈话转回到这一话题上，尽管我们已经告诉他别人对这个话题不感兴趣？他能否意识到这种行为会让别人疏远他？为什么阿里在每次团体活动中都被孤立在外呢？他一点联系他人的积极性也没有吗？或者他只是在忍受这些活动，因为是他的父母坚持要他参与到团体中的？如果对于这些问题的答案没有一定假设的话，团体领导者很难设计出有效的策略。

为了实现干预的目的，团体领导者概括出了一些策略，并开始实行干预（图 5.2）。这些策略可以随时间而改变，因为团体成员相互之间会越来越了解，领导者也会更懂得儿童为什么表现出这样的行为。依据凯尼格等人（2010）的模型，在这种特殊的团体干预中，儿童所面临的挑战是，在团体中他们需要以敏感与温和的方式逐渐公开自己，领导者需要鼓励儿童互相帮助，共同学习新的策略和替代行为。

另外，在团体活动开始之前，每位同辈辅导者都会得到单独的指示，领导者要保证同辈辅导者在干预儿童时可以得到强化。例如，在一次团体活动中，一位同辈辅导者可能会得到指示："坐在阿里附近，问候他，如果他看上去不想加入活动，就帮助他重新把注意力集中在活动上；不时地和他说话。"可能在几周的时间里干预者都要给同辈辅导者这种单一的指示，直到阿里能够适应这一切并作出回应。如果他没有任何回应或者不断地进行抵抗，团体领导者就需要制订新的策略来帮助阿里改变行为。对阿里的干预目标是使他能够适应新行为，保持参与到团体中。我们当然可以利用提示和强化，但也要持续地观察他的行为，以明确为什么他在做这些的时候会改变，以及什么样的期待是合理的。

对于团体中的每位儿童，领导者都会开发出简单的策略以实现每一个目标，再逐渐开发出更为复杂的策略。当然，当策略的效果不大时就需要及时调整。每次团体活动的计划可能是很有趣，甚至有些幼稚的，但这可以使儿童在游戏环境中训练和练习目标技能。研究者会称赞团体成员的长处，并鼓励他们帮助朋友努力达成目标。例如，为了帮助利奥减少与当前话题无关的言论，研究者建立了一套系统，即当他说出适当的话时，就会得到一枚蓝色的筹码，当他说出与当前话题无关的话时，就会得到一枚红色的筹码。筹码放在透明的塑料罐里，因此所有人都能看到事情的发展。如果在团体课程结束时，利奥拿到的蓝色筹码比红色筹码多，团体中的所有人都能得到奖励（糖果、棒冰或者儿童们努力想要得到的其他东西）。团体领导者会鼓励每个人去帮助利奥，使活动变得更加有趣，利奥也会为了团体的赞许和奖励而开始努力。在耶鲁的团体中，我们发现，即使是对社会再冷漠的儿童，也可以参与到这样的游戏中。

团体领导者可以使用简单的行为计数器来记录每个儿童在达成目标过程中的进步，并且可以用曲线图来表示儿童随着时间取得的进步。这可以帮助研究者发现哪些活动具有成功的干预效果，哪些活动效果一般，以及每位儿童需要哪种水平的强化和练习。另外，儿童和父母可以学习一些有助于改善目标行为的策略，也可以记录儿童在自然情景中实现新行为与抑制问题行为的效果。在不同的情境中，我们需要对提示、强化和自我监控策略进行个性化的设计。图 5.3 中显示了凯丽行为的进步，当然，我们仍然需要随时调整干预措施，因为在许多情境中干预效果是具有多变性的。

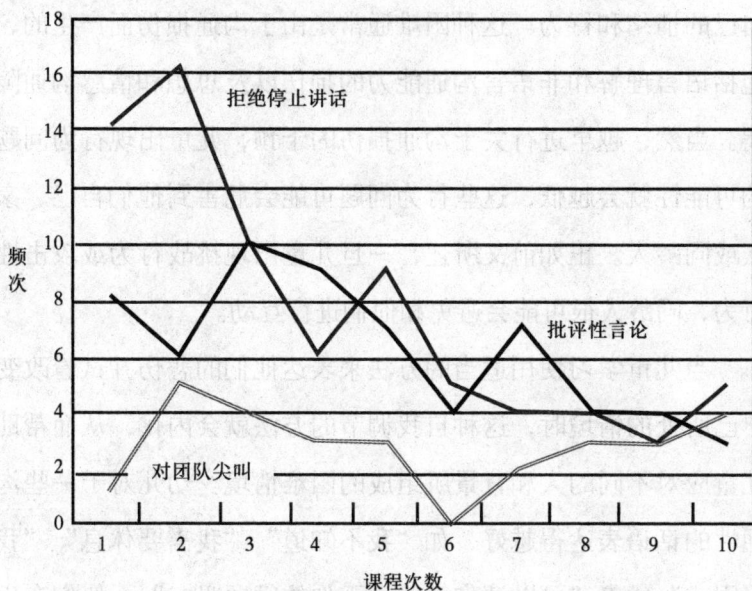

图 5.3　进步曲线图

在经历了大约 6 个月的团体干预之后，我们可以使用

PPD-BI 或 VABS（第 2 章）对功能性的社会行为进行评估，以此来帮助我们测量儿童的进步。

## 自我调节与自我监控策略的发展

相当一部分数量的自闭症谱系障碍儿童和青少年很难调节自己的情绪和行为。这种困难通常是由于沟通损伤而产生的，包括语言理解和非语言沟通能力的损伤以及思想和情感沟通障碍。当然，越早进行关于沟通损伤的干预，儿童出现行为问题的可能性就会越低，这些行为问题可能会危害到他们自己、家人或同龄人。正如前文所述，一旦儿童出现挑战行为或攻击性行为，同龄人很可能会避免和他们进行互动。

当儿童学习使用适当的方法来表达他们的悲伤并试着改变自己所处的情境时，这种自我调节的方法就会内化，从而帮助儿童应对不同的人和背景所组成的困难情境。幼儿对于一些沟通性的话语表达得越好，如"我不知道""我需要休息""我很困惑"或者"可以请你重复一下你的问题吗？"，他们在生活中就越能有效地与成年人互动。这是非常简单的自我调节策略，可以教给任何年龄的儿童。另外，对于那些不会用言语表达这些话的儿童，信号或视觉提示是很有帮助的。

另一种应用更广泛的策略聚焦于帮助自闭症谱系障碍儿童理解他们目前的经历（也许是很有挑战性的经历），这种方法通过使用详细的叙事策略使他们过去的经历具象化。儿童叙事能力的发展，是通过把自己生活中经历的事情整合起来而实现的，我们需要通过视觉或文字提示，帮助儿童不断地建构关于自己的故事。与这些故事相符合的经历会重复出现，这可以帮助儿童理解自己是谁以及……什么样的环境，是家庭、学校还是社区。这种认知基础……儿童比较和对照新的经历，并根据自己的理解作出社会……正常发育的儿童很容易就能理解、编码、记忆并把记忆和新经验联系起来，通过这种方法来帮助自己解释特定情境中所发生的事。正如我们在第 1 章中详细所述，自闭症谱系障碍儿童很难把自己所经历的事情记住并联系起来，形成一个连贯的故事。这种困难十分值得我们关注，因为它会影响儿童和青少年对现在的经历的解释。在这一部分的最后，我们将详细阐述如何发展儿童的叙事能力。

休谟（Hume）、洛夫廷（Loftin）和兰兹（Lantz）（2009）提出，自闭症谱系障碍儿童在发展其独立功能时，最困难的一点在于其核心损伤（社会损伤与沟通损伤）。另外，他们在组织、计划、新情境中能力的迁移等方面也存在困难。研究者们注意到，独立功能较差的儿童，在家庭、工作及发展关系等方面的长远表现也较差。而且，一项具有广泛基础的研究结果表明，超过 50% 的个体会变得越来越差（Hume et al, 2009）。其中的一部分问题是，很多学生直到中学毕业时（通常是 21 岁）还要花大量的时间，在一些可能没有接受过训练的助教的帮助下，练习如何更少地依靠生活中的成年人。在他们的教育计划中，并没有考虑到系统化地集中促进儿童发起互动的能力、迁移能力以及逐渐减少儿童对提示的依赖性（Hume et al, 2009）。一旦这些学生离开了一种相当受保护的环境，他们就会对怎样组织自己的日常生活及如何面对现实的未来而感到困惑。

施迪彻等人（2010）设计了一个程序，来帮助 11 到 14 岁的自闭症谱系障碍学生提升基本的社交能力以及自我监控和自我调节能力。他们通过特定的课程，如对于情绪识别、心理理论和执行功能等能力的训练，来促进儿童元认知策略的发展，也就是让他们通过自我监控（观察自我）并改变行为来适应社会环境。换句话说，这些儿童学习了如何具体检验自己的行为和表达方式是否与同龄人相一致，并且适合于当时的社会环境。

我们在耶鲁儿童研究中心的团体干预中，使用简单的珠子计数器或其他的视觉材料来帮助儿童监控特定的行为，我们希望看到一些行为增多，而另一些行为减少。在其中一组里，我们使用珠子计数器帮助一名儿童记录他有多少次把谈话转到自己有特殊兴趣的方向上。随着团体领导者在几个团体的课程中开始使用计数器，我们会逐渐让儿童与领导者轮流负责计数，并最终只由儿童进行计数。我们会鼓励其他儿童监督目标儿童诚实地进行记录。如果在团体活动结束时，儿童关于自己特殊（不寻常的）兴趣的言论减少了，我们就会提供奖励。最重要的是，在为期 16 周的团体课程中，儿童领会到只谈论自己有特殊兴趣的话题并不是很受同龄人和成年人欢迎的。

在使用自我监控和自我调节策略时，很关键的一点是要确定自闭症谱系障碍儿童能否识别和监控自己的行动，这一点是相对于他人的行动而言的。虽然一些研究者推测，自闭症谱系障碍儿童想要做到这一点会比正常发育的儿童更困难，但这种推测并没有在最近的研究中得到证实。威廉姆斯（Williams）和哈佩（Happé）（2009）检验了两组自闭症谱系障碍儿童的监控能力，一组儿童监控自己的行动，另一组儿童监控他人的行动，结果发现两组并不存在差异。自闭症谱系障碍儿童能够很好地识别自己的行动，无论是他们在游戏中表现出的行动或者扮演游戏中其他个体时的行动。研究者注意到，在实验条件下，儿童都能够在游戏中进行言语表达，研究者推测这种表达也许能帮助儿童进行记忆并支持他们对一系列事件的理解。就这一点而言，使用视觉或文字故事作为支持材料，可以帮助儿童进行自我监控。虽然没有进行这部分的实验，但是研究者推测儿童也许还可以表现出更好的言语和认知能力。

正如我们在第 1 章中所述，当儿童按照任务或规则完成一些行动，并在这个过程中进行表达时，就可以形成一个完成任务的故事，这就是最好的例证。我们平时经常会听到幼儿大声地重复或自己很小声地说出自己想要做的事和所期待的事。对于自闭症谱系障碍儿童，我们可以通过视觉或文字故事帮助他们根据过去的经历而讲述自己的故事。这可以为儿童提供一个心中的模板，他们可以以此作为基础来理解新的经历。这一方法的基本过程如下：

·选择一项活动作为故事的材料，最好选择一些娱乐性强的有趣活动，这样有助于儿童理解这种教与学的练习。

·在儿童进行以下练习时对其拍照，如儿童穿衣服、上车、到达目的地(如动物园、海滩、野餐地点)、在目的地进行活动、圆满度过一天、上车回家等场景。

·使用幻灯片或文字处理程序编辑一本关于儿童的书，或使用喀嚓鱼或 iPhoto 程序把照片按顺序放在一起，并配以简单的文字。

·与儿童一起阅读并回顾这本书，使他 / 她记住这一系列事件，并能回答关于这段经历的简单问题。

·以简单的方式使用这本书对这段经历进行详细的说明。

·帮助儿童根据这本书去回顾自己的经历，并把它与其他活动联系起来。

一些儿童只具备有限的语言和较弱的叙事能力，把生活经历概念化的能力也很弱，对于他们而言，这种练习非常有助于他们进行自我概念化和自我调节。如果由于意料之外的环境因素或挫折事件的发生，导致练习进行得不顺利，那么我们可以把它记录下来，并且使事件看起来具有较小的灾难性，以帮助儿童解决问题，使他们能够处理变化及挫折。正常发育的儿童可以把他们的经历、反应和应对困难的方式建构成心里的故事，而自闭症谱系障碍儿童则需要通过一套明确的视觉或文字材料，才能完成同样的事。

## 认知行为疗法

认知行为疗法（CBT）是治疗师针对患者的一种干预方法，它通过处理那些会导致非适应性行为的固执想法和感觉来改变个体的行为。认知行为疗法对于具有焦虑、抑郁和行为障碍的儿童、青少年及成年人都具有良好的效果，这一点具有很强的实证基础。近期，有研究者通过帮助个体识别"关于适应性反应的可提取记忆可以成功地对抗和抑制关于先前习得的适应不良条件的记忆"，对认知行为疗法做出了概念化的支撑（Wood, Fujii & Reno, 2011, p. 198）。此外，治疗师会与患者进行讨论，并进行"苏格拉底式提问（Socratic questioning）"，以帮助他们思考自己对于之前情境的应答、在该情境中的想法和感觉，并帮助他们思考将来如何发展出新的能力，以改变行为。少数关于自闭症谱系障碍儿童与青少年的研究结果表明，认知行为疗法在治疗伴精神病性障碍（如焦虑或抑郁情绪）时非常有效（Chalfant, Rapee & Carrol, 2007; Reaven et al, 2009; Sukhodolsky et al, 2008）。例如，索弗朗诺夫（Sofronoff）、阿特伍德（Attwood）、辛顿（Hinton）和莱文（Levin）（2007）通过认知行为疗法使伴有破坏性行为的阿斯伯格综合征儿童提高了其对愤怒的管理能力。

怀特等人（2010）开发了一套针对焦虑和具有社会损伤的自闭症谱系障碍儿童的治疗指南，这位研究者发现，对于高功能的个体而言，如果他们能够意识到自己缺乏社会联系并且孤独，他们就容易感到焦虑和抑郁（Bauminger & Kasari, 2000）。研究者根据认知行为疗法的基本原理，开发了一套多模式焦虑与社交技能干预（Multimodal Anxiety and Social Skills Intervention）措施。比起用苏格拉底式的方法去探索之前谈到的问题，这一指导性课程会更自然地训练自闭症谱系障碍儿童，使他们更容易理解课程内容。这一课程中包含应用行为分析的规则，因为通过以应用行为分析为基础的策略，我们可以对自闭症谱系障碍儿童行为上的有效改变作出跟踪记录。另外，其中也包括示范法、接受同龄人反馈、使用视觉材料、使用戏剧、使用暗示等策略。通过这样的方式，这一干预程序使认知行为疗法能够适应于自闭症谱系障碍儿童和青少年的特定学习状况。令人印象深刻的是，这一程序中还包含个体治疗、团体治疗和父母参与的治疗。一项关于 4 名自闭症谱系障碍少年的初步研究显示，这一程序对于这些少年和父母是可执行和可接受的。许多家庭都会按照该程序中的建议执行干预（White et al, 2010）。

在对自闭症谱系障碍个体执行认知行为疗法的干预程序时，需要谨记"高功能"一词是很容易被我们误解的。一位智商处于平均或以上水平的儿童，不一定具备整合社会信息的能力，而且他们把过去发生的事或日常生活中的事件建构成故事的能力也极为有限（见第 1 章）。他们的组织思维能力和组织计划能力也可能较弱，因此，实施认知行为疗法可能对于这些儿童在日常情境中社会功能的改善效果不大（Koenig & Levine, 2011; Ventola, Levine, Tirrell & Tsatsanis, 2010）。

### 案例

玛格丽特（Margaret）是一位 17 岁的自闭症谱系障碍儿童。她在一所普通中学里读书，平时会参加适合于中学生的全部课程，不过她被安排在"核心班级"里，这一班级的同学将来可能不会升入大学。玛格丽特的认知水平处于平均或偏下水平，具体来说，她的非言语问题解决能力处于平均水平，而言语问题解决能力处于平均水平以下。她目前被安排在核心班级中，是因为她的适应功能能力低于平均水平，她的社会化能力不成熟，卫生习惯不稳定，对挫折的应对能力也很差（尖叫发作，但不伴随肢体暴力）。

玛格丽特的干预团队成员认为，有必要让她进行一些转变，因为她希望自己能够进入社区大学，从她平时的学习成绩看来，这一目标是在可实现范围之内的。团队成员很担心她在社区大学环境中的适应性行为。学校的心理学家决定每周让玛格丽特参加 40 分钟的个体课程，以训练她的适应能力。心理学家作为干预者，与玛格丽特进行了会面，她希望在会面中让玛格丽特学习为将来独立生活和与人合作做好准备。经过一段时间，玛格丽特与学校的心理学家共同确定了她需要改变的行为，这也是为了她能够拥有圆满的大学生活。这个过程是以一种合作的方式逐渐而谨慎地进行的，这样会使玛格丽特感觉是自己制定了每一份清单，并且自己提出了关于这些问题的解决办法（尽管在她需要的时候干预者会给予支持）。

针对那些会激怒玛格丽特的话题、问题和其他学生，干预者通过视觉策略和图解法与她进行了相关讨论，使她能够把那些令她沮丧的事件形象化，并用类似的方法使她学习特定的应对策略（如离开班级休息一会儿）。有时，我们需要先详细解析那些会让她沮丧的话题，然后再考虑适当的应对方法。自闭症谱系障碍儿童和青少年倾向于过分注意细节，很难理解事物的整体性，考虑到这一点困难，玛格丽特可能需要解释她是怎样理解情境的，她怎样以及为何作出反应，直到她能够处理自己的尖叫行为（Koenig & Levine, 2011）。

我们也会对其他一些问题进行讨论，如关于卫生的问题。使玛格丽特按照这些规则行动，并使用适合年轻女孩的杂志来作为训练工具（而非教科书）。每周或每两周，玛格丽特和她的治疗师会设定一个改善卫生习惯的目标，并建立自我监控的系统，让玛格丽特记录自己是否遵守了规则。由于这一系列特

定的事件本质上都是出于玛格丽特的投入和意愿，父母在这种
方法中是不需要过多参与的。

在此方案中，心理学家在干预团队的支持下建立了一套认
知行为模式，并通过一对一的治疗课程帮助玛格丽特发展社会
技能（包括卫生和应对技能）。这种模式中不需要同龄人参与
和示范，也不需要在各种情境中指导儿童练习以检验能力的迁
移。当玛格丽特与治疗师之间的治疗关系可以成为支持她的一
种资源时，如果她在卫生和应对班级情境方面的进步不一致，
那么可能对于自闭症谱系障碍儿童有效的周围组织（在多种情
境中同龄人与干预者的参与）和练习还没有到位。目前，我们
尚不清楚玛格丽特能否自己学会并保持这些新的技能。

总体来讲，使用认知行为疗法对自闭症谱系障碍儿童和青
少年的社会损伤进行干预，其实证基础是有限的。要证明认知
行为疗法的有效性，我们需要看到它对于自闭症谱系障碍个体
普遍显著缺乏的能力的干预效果，如观点采择能力、抽象思维
能力、熟练的言语技能、建构关于过去事件的有意义故事的能
力以及预先规划的能力。如果我们能对治疗进行一些调整，来
应对这些问题，如怀特等人（2010）关于焦虑的治疗模式，未
来我们的治疗就可能会成功。

## 父母实行的干预

父母是儿童的干预团队中的成员，他们应该一直在不同的方面参与干预和决策。这会给父母和团队成员带来挑战，但我们不用过分地高估其中的困难。在第 6 章中我们会更深入地探讨父母与干预者们应该如何更好地合作。

本节重点讨论父母们应该学习的一些干预方法，他们可以使用这些方法和策略直接对儿童进行干预，以改善儿童的社会功能。该领域的研究数量有限，不过近期实证干预的发展强有力地推动了该领域的研究，使这些方法可以更广泛地在社会环境中传播——也就是说，它超越了学校环境（自闭症跨部门合作委员会，2011)。作者回顾了这一领域的部分主要研究，但这些研究尚未覆盖到所有的实证干预方法。

帮助自闭症谱系障碍儿童发展其社会互惠能力，是迄今为止最受关注的一个努力方向（Aldred, Green & Adams, 2004; Aldred, Pollard & Adams,2001; Gillett & LeBlanc, 2007; Kasari, Gulsrud, Wong, Kwon & Locke, 2010; Schertz & Odom, 2007; Smith, Buch & Evslin Gamby, 2000）。史密斯（Smith）、布赫（Buch）和艾维斯林·盖姆比（Evslin Gamby）（2000）开发了一套由父母指导的集中干预方法，这种方法是以应用行为

分析的规则作为基础的。6 名年龄在 35 到 45 个月的自闭症谱
系障碍儿童参与了治疗计划，这项治疗计划是由接受过训练的
父母和其他干预者（家庭成员或大学生）共同实行的。父母和
治疗师接受了 36 小时的训练，学习如何教儿童去回应请求、
与他人谈话以及与同龄人做朋友。课程以一对一的形式进行（类
似于分解训练的形式），不过一旦儿童掌握了某些基本的互动
程序，课程就改为在团体环境中进行，如与正常的同龄人一起
在教室里学习。在 5 个月之后检验干预效果，在后来的 2 到 3
年进行随访。研究者发现，6 名儿童中有 5 名在治疗开始后的
5 个月里取得了重要的进步，特别是在言语和非言语模仿及对
指令的正确应答方面。在 2 到 3 年的随访中，两名儿童显示出
了进步，其他儿童基本上没有变化，还有一名儿童的智商和适
应性行为得分甚至低于最初的基线水平。研究者推断，干预的
执行质量可能对结果产生了影响，但由于这一点无法进行直接
测量，所以这一推断也尚未得到证实。另外，有一些父母可能
会在 5 个月的集中干预之后继续实行干预，我们并不知道他们
在这一阶段进行干预的频率和强度。关于结果的不一致性的最
后一个推论是，在最初的 5 个月里我们处理和管理的是最容易
训练和学习的技能，而更复杂的社会技能（如交朋友并保持友
谊）是更难进行训练的。

奥尔德雷德（Aldred）（2001, 2004）和他的同事设计了一套程序，来帮助父母理解一些基本技能，这些基本技能是沟通和社会互动的基础。这一干预从一系列的父母研讨会开始，他们会讨论许多主题，如当父母与儿童沟通失败时，父母应如何处理自己的感觉，以及如何修复沟通中的障碍。当父母学习了一系列与儿童沟通的技术之后，研究者会通过父母与儿童互动的视频来使父母理解如何更好地与儿童进行互动，以促进他们在如下几方面的发展：①共同注意能力；②实时互动；③一些可预测性结构，它们是儿童以后扩展互动的基础；④互动与沟通引诱（类似于使用关键反应训练法和SCERTS干预法进行的沟通引诱）中的变化性；⑤模仿适当的语言。

在这一干预模式中，研究者关注到了父母在与儿童沟通失败时所感受到的困难，并描述了父母一般会出现怎样的反应（Aldred et al, 2001, 2004）。一些父母会放弃，他们与儿童的沟通会越来越少，另一些父母则会形成控制型的互动风格。虽然这样的反应是可以理解的，但结果是儿童发起沟通的次数会越来越少，而父母发起的沟通会显得更加严格而带有指令性。

在一项准实验研究中，研究者对14名自闭症谱系障碍儿童（年龄的中位数为48个月）进行治疗，并把他们与常规治疗条件下的12名自闭症谱系障碍儿童进行比较。奥尔德雷德等人（2004）发现，当训练父母去适应儿童的沟通风格，即减少控制性和侵入性应答时，儿童通过自闭症诊断观察量表（Autism Diagnostic Observation Schedule）所测量的互惠性沟通得分有所提高，亲子互动的测量得分也会提高。有趣的是，对父母压力的测量结果并没有改善，这说明我们需要更多地去帮助父母感到自己的干预是有效的，并让他们更加放松。

一些研究聚焦于训练父母针对儿童的早期基本技能进行干预，尤其是共同注意能力（Kasari et al, 2010; Schertz & Odom, 2007）。在一项小型的研究中，参与者为 3 名初学走路的儿童和他们的父母，结果发现其中两名儿童的共同注意能力有所发展，而另一名儿童虽然没有达到这样的水平，但其面部聚焦能力和与他人共同参与活动的能力有所提高（Schertz & Odom, 2007）。这种干预可以帮助父母思考哪一类活动是最容易让儿童喜欢参与的。父母可以学习关于促进共同注意能力的专业课程，这可以帮助他们设计适合儿童的活动。不过，研究者们并没有规定特定的活动。在这一干预中，研究者会鼓励父母根据有关儿童或儿童喜好的信息来开展干预，但其程度是需要控制的，他们不提倡父母只是机械地实施干预策略，因为这样可能适用于他们的家庭或社会互动风格，但也可能不适用。

目前，在所有训练父母或监护人以提升自闭症谱系障碍儿童基本能力的研究中，综合性与严谨性最强的一项研究是由卡萨利（Kasari）等人（2010）进行的。这项研究对 38 名自闭症谱系障碍幼儿和他们的监护人进行随机对照试验，19 对儿童—监护人的配对小组是干预组，另外 19 对儿童—监护人的配对小组是控制组。为了测量亲子互动的初始水平，研究者对他们的行为进行了 15 分钟的录像，以记录这些配对小组属于如下哪种情况：①共同参与；②儿童与物品进行互动；③亲子之间没有互动。评分者并不知道儿童—监护人属于干预组或控制组，他们对 15 分钟录像中的互动进行评分。研究者还让监护人对他们所坚持的治疗进行自我报告，包括训练亲子按照游戏程序进行活动、进行模仿并针对儿童正在做的事进行交谈、拓展儿童的沟通、训练儿童适应环境（如就座）等，这些都是为了帮助儿童保持对互动过程的注意。

这一随机对照试验的结果表明，儿童的参与性、共同注意和游戏的初始测量结果不存在差异，但随着干预的进行，实验组的儿童减少了与物品相关的游戏行为，并且更多地与他人共同参与活动。在 1 年后的随访中，儿童仍然保持着这些进步。

儿童在进行沟通时所需的基本能力能够取得这种水平的进步，其意义是非常重大的。这一临床试验表明，经过适当训练的监护人可以很负责地实施干预程序，使儿童减少与物品相关的游戏活动（即无互动的参与），并参与互动。研究者发现，监护人对干预的"认同"质量能够预测积极的结果，这一发现促进了对相关问题的研究进展（Kasari et al, 2010）。很重要的一点是，这项研究虽然回答了一些问题，但也提出了更多新的问题，另外，由于问题的多样性，我们还需要进行更多的随访。考虑到迄今为止自闭症谱系障碍的广泛盛行，我们至少可以明确一点，那就是要好好利用对父母或其他监护人进行训练的机会。

对于促进自闭症谱系障碍儿童能力发展的干预，在检验其效果时我们经常忘记考虑临床医生的贡献。阿斯比（Aspy）和格罗斯曼（Grossman）（2008），贝克（Baker）（2003），贝里尼（Bellini）（2008），可可维尼斯（Coucouvanis）（2005），卢米斯（Loomis）（2008），奎尔（Quill）（2000）和萨斯曼（Sussman）（1999）的工作是一个很好的例子，显示了如何把知识、专业技术和经验结合起来以提升对自闭症谱系障碍儿童的干预效果。在把专业的干预方法转换成父母们易于理解的信息时，很多专业的临床医生在这一方面起到了重要的带头作用。例如，贝克（2003）会在进行任何自闭症谱系障碍儿童与正常发育儿童的互动之前，先推荐给父母周详的活动计划。另外，贝克提出让父母与一名儿童共同建立规则，并练习游戏中所需要的技能，如与其他儿童共同玩耍，而不是没有互动地单独玩耍。另外，还有一些课程会训练父母教自闭症谱系障碍儿童学习让步、按顺序游戏以及应对游戏中的失败，等等。

1999 年出版的汉恩早期语言课程（Hanen Early Language Program），是一种为自闭症谱系障碍儿童的父母设计的综合性课程，帮助他们了解儿童早期沟通能力的相关知识（Sussman, 1999）。这一课程以经验主义为基础，提出了一些实用的策略，能够帮助父母理解儿童的沟通意图，促进持续的沟通和进步。汉恩的团队最初开发的一项课程名为"尽在不言中"，它为父母提供了明确的训练方法，帮助他们理解儿童的沟通（无论有多么古怪），跟随儿童的领导（合理的），并帮助儿童按照顺序与不同的人进行交流，与他们增进联系。"尽在不言中"是最适合父母学习的课程之一，它把一些看似复杂的概念分解成基本的元素，使任何父母都能够理解。此外，针对父母如何实行这些策略来促进儿童的沟通，课程中也举出了许多具体的例子。

吉姆·卢米斯（Jim Loomis）博士（2008）的一本著作描述了父母应该如何促进自闭症谱系障碍儿童的社会性发展。著作名为《在游戏中为自闭症谱系障碍儿童和青少年提供社交机会》，是一项非常重要的贡献。正如我们所期待的，卢米斯博士的著作旨在帮助儿童发展互动性的社交技能，不过他的研究中最重要的一部分，是帮助父母理解如何帮儿童适应和控制与正常儿童共同进行的社交活动，以及应该在什么时候帮助他们。卢米斯在书中描述了父母应如何评估一个社交机会是否适合于儿童，如何才能给儿童提供适当的支持（既不过多也不过少）以使他们参与到社会场景中，以及如何利用同辈辅导者和成人辅导者所提供的帮助。本质上，其目标是帮助自闭症谱系障碍儿童与同龄人玩得开心，使他们将来能有更多的机会发展与他人的关系，并辨别出哪些同龄人可以接受自闭症谱系障碍儿童在社会表达方面的不同之处，哪些同龄人不能接受一点，后者并不适合与自闭症谱系障碍儿童一起玩（有必要避免自闭症谱系障碍儿童与他们共同游戏）。

　　除了上述方法，还有一些策略会通过父母或监护人来促进自闭症谱系障碍青少年的社会互动并提高他们的社会能力，但这一方面的研究不是很普遍。从发展的角度来讲，这种状况也是可以理解的，因为父母通常都不会参与到为青少年所安排的社交机会中。同时，生理年龄在 13 岁及以上的自闭症谱系障碍儿童，可能会在情绪和社会成熟方面延迟发展，也许只有 5 到 6 岁的水平，因此他们的社会需要也处于一种很基础的水平，或许接近于 8 到 9 岁儿童的水平。如果是这种情况，我们可以提出一个合理的假设，即这些儿童不能完成一些适用于青春期之前的儿童（8 岁或 9 岁）的社交和情感任务。我们有充分的理由相信，为了帮助他们发展足够的人际关系能力，我们可以帮助他们完成这些社交和情感任务（见第 1 章），而不是直接让他们完成 13 或 14 岁水平的任务，因为他们可能不能理解这种水平的社会互动并有效地管理它们。

为了应对这些复杂的问题，劳格森（Laugeson）、弗兰克尔（Frankel）、摩泽尔（Mogil）和迪龙（Dillon）（2009）开发了一套由父母协助的社交技能训练程序，以改善自闭症谱系障碍青少年的友谊状况。在对大量注意力缺陷多动障碍和胎儿酒精综合征儿童进行研究的基础上，研究者把友谊训练的模式拓展到了自闭症谱系障碍儿童身上。他们设定的目标技能有：发展谈话能力，发展友谊网络，处理戏弄和欺负的情况，练习良好的竞技精神、练习宴请他人时的主人行为。这一程序的焦点集中于"同龄人礼仪"，即一种由同龄人团体执行的实证行为守则（p. 597）。在这项试验中，参与者为 33 名自闭症谱系障碍儿童和他们的父母。使用考夫曼简明智力测验（Kaufman Brief Intelligence Test, Kaufman & Kaufman, 2005）和文兰适应行为量表（Sparrow et al, 2005）对实验对象进行评估。研究者通过父母的报告和儿童的自我报告来测量 12 个星期的课程中儿童社会能力的提升状况。父母参加了教育课程，学习如何帮助儿童扩展其课余社交网络，如何理解儿童的社交场景，他们的孩子适合什么样的社交场景，以及如何指导儿童共同玩耍并帮助他们计划这些活动。结果表明，接受治疗组的儿童会学习到更多关于人际关系的知识（基于纸笔测验的结果），并且比控制组的儿童更多地发起社交联谊。接受治疗组的儿童（相对于控制组）在受到他人的社交邀请方面并没有提高。研究者推测，接受治疗组的儿童之所以没有收到新的邀请，可能是因为治疗比较简单，也没有足够的时间让儿童建立和培养与他人之间的关系。

总体来看，想要成功地指导父母进行干预，我们需要帮助父母理解儿童基本技能的发展过程，并促进实际社会交往中所需技能的发展。正如本书中所描述的许多方法一样，在促进儿童的社会性发展时，本质上要保证儿童可以有学习社交技能的机会（正如第 1 章中所述），而不是只学习一些零散的社会行为。对父母进行这些问题的相关教育，是学校和社区干预者的一项重要工作。实际上，IDEA 2004 授权了父母咨询和教育，其中包括"向父母提供有关儿童发展的信息，并帮助父母掌握必要的技能，以支持儿童的个别化教育计划（IEP）的执行"（Wright & Wright, 2007, p. 201）。

# 社会故事

社会故事是由卡罗尔·格雷（Carol Gray）（2000）开发的一种干预技术，她是密歇根州詹尼森公立学校系统的一位顾问。社会故事通过帮助学生注意环境线索，并规定学生应该在情境中表现出怎样的行为，帮助学生加强对于某种情境或技能的理解。格雷解释说，社会故事为患病个体提供了一种材料。这意味着故事中传递了对学生观点的尊重，它能够帮助大众理解故事所聚焦的核心问题。考虑到自闭症谱系障碍儿童在混乱和困惑时，很难即时想出应该表现什么样的行为，而且他们的机械记忆能力较强，容易被规则性较强的情境所吸引，因此这一技术应该是比较有前途的。最初，社会故事用于帮助那些有挑战行为的儿童来对混乱的环境作出预期，并且给予他们明确的行为指引，使他们知道在那样的环境中应该表现出怎样的行为。而且，这些故事以一些非常基本的技能为重点，如学习安静地嚼口香糖、听学校的通知、布置餐桌、洗手、使用淋浴、和狗一起玩或在上课时提问等。格雷和加兰德（Garand）（1993）在其研究中描述了几名学生在行为上的进步，这种进步是由于学生在遇到问题情境之前就阅读了社会故事。研究者提出，这些故事可以作为有效的教学工具，因为它们可以向儿童提供一些日常情境中通常不会被注意到的信息。他们推测这种技术有助于减少儿童的行为问题，有助于教学并帮助儿童解决其社会问题。

格雷和加兰德列举了构建社会故事的一般准则：

·从目标儿童的观点出发撰写故事。

·故事要简短（可能最多包含4到6个句子）。

·用描述性语句去描绘问题情境。

·用观点性语句去描述他人对这一问题可能的想法或感觉。

·用指令性语句去帮助学生了解应该怎样做。

后来，研究者又增加了两点信息：

·控制性语句，使用类比来解释一种情境。

·合作性语句，描述了在令人困惑的情境中学生可以向谁寻求帮助。

格雷提出，在每个故事中如果出现了3到5个描述性或观点性语句，就应该对应着出现两个指令性语句。指令中一般明确表示了儿童应该做什么、不应该做什么。一般步骤是，先建构故事，然后定期向儿童朗读，通常在故事中所描绘的事件发生之前就让儿童先听故事。写故事的人应当注意考虑儿童的认知功能水平与接受性语言水平，如果故事内容定位的水平过高，那么就得不到成功的效果。由成年人或学生朗读故事，然后成年人问学生一系列理解性的问题,以评估他／她对故事理解的程度,并澄清此时所出现的一些问题。社会故事技术的支持者提出,这一技术在某种程度上是成功的,因为儿童可以通过视觉线索或文字进行学习,而且这些儿童倾向于具有很好的机械记忆能力。

虽然格雷最初的研究得到了良好的结果(Gray & Garand, 1993),表明了通过社会故事可以有效地促进自闭症谱系障碍儿童的改变,但随后的研究和元分析(对多项研究的结果进行的分析)只对这一结果提供了有限的支持(Ferraioli & Harris, 2011; Kokina & Kern, 2010)。一些研究者推测,如果训练单一的直接行为,如在学校排队、在做作业时减少发脾气等,可能会取得更大的成效(Chan & O'Reilly, 2008; Kokina & Kern, 2010)。克罗泽(Crozier)和丁莱尼(Tincani)(2007)记录到,在促进儿童的社会互动和社会沟通时,我们必须要考虑到一个变量,即儿童参与社会活动的动机水平;也就是说,有的儿童可以理解故事中所表达的行为期待,但他们没有动机去这样做。在这种情况下,干预者就需要同时利用其他的策略来激励儿童按照故事的指引去做。

迄今为止,有 40 多项研究都显示出较弱的干预效果(Kokina & Kern, 2010)。在某种程度上,这可能是由于一些研究者把

社会故事与老师或同辈提示策略共同使用；另有一些研究没有
按照社会故事的某些规则进行，如描述性和观点性语句与指令
性语句之间的比例没有设置好；此外，还有一些研究没有训练
那些简单、具体的技能，如在教室中排队或在房间中放好衣服
等，而是训练了一些更复杂的社会技能，如发起谈话或回应他
人的问候。考虑到研究中的这些改变，我们无法准确地判断哪
些部分是有效的。相对于训练复杂的技能，也许使用这项技术
训练儿童的简单技能会更有效。

目前，关于单独使用社会故事来使儿童学习一些不太简单
的适当社会行为，如问候朋友或说再见等，尚没有足够有力的
数据支持。这可能是由于社会故事中的行为指示没有考虑到一
些现实状况，如社会互动的流动性和快节奏，以及个体平时需
要快速思考并对环境作出应答。不过，如果在下列情况下使用，
这种干预方法可能会有利于训练儿童的基本社交技能：

·适用于描述和解释具体的任务和情境。

·适用于需要在这种情境中接受行为指导的儿童。

·适用于言语理解指数在68及以上的自闭症谱系障碍儿
童，这一指数是通过《韦氏儿童智力量表》（第四版）测量得
出的（基于奎尔姆巴奇（Quirmbach）、林肯（Lincoln）、芬
博特-吉索（Feinbert-Gizzo）、英格索尔（Ingersoll）和安德

鲁斯（Andrews），2009 的研究）。

### 案例

安德鲁是一名 12 岁的自闭症男孩，他的智力、接受性和表达性语言能力都处于边界水平。在接受了精神病学、心理学、神经科学和遗传学专家评估之后，他被选定参与附近当地医疗诊所的团体干预，以促进社交技能的发展。安德鲁对去诊所感到很害怕，因为他曾经两次被抽血，所以无论妈妈开车带他去诊所，还是他们一起走路去诊所，他都会尖叫并打他的妈妈，而且这种行为逐渐增多。尽管我们会不断重复地向安德鲁说明，希望他能理解去诊所的经历并不那么痛苦，也许还会很有趣，但他还是很难明白我们所传递的信息。

我们构建了一个简单的故事，并对每一个句子都辅助呈现一张数码照片，描述所发生的事情：

- ·星期一下午，妈妈开车送我去诊所。
- ·我在等候区与妈妈和小组中的其他男孩一起等待。
- ·下午 3 点，我和其他男孩一起进入了小组活动室。
- ·我坐在自己的垫子上，听小组领导者讲话。
- ·我和其他男孩一起玩，然后一起吃点心。

· 下午 4 点半，小组活动结束，我回到等候室。

· 妈妈在那里等我，我们一起回家。

这个故事帮助安德鲁理解了一系列事件，并克服了对每周去一次诊所的恐惧。在前几次小组活动之前，他要读几遍这个故事，后来他就不需要再读故事了。重要的是，故事可以让安德鲁知道将会发生什么事，以及自己将要做什么。这不会牵涉到他之前的经历，也不会对他和别人的社会互动进行详细的说明。

总体上来说，本章中所描述的策略可以相互结合使用，也可以在不同的情境中使用，目的是训练儿童的同一种社交技能。需要注意的一点是，我们的团队始终关注行为发生或不发生的原因，以及什么样的策略对于一名儿童是最合适的。这对于每一名儿童都是不同的！

**第 6 章**

# 父母和专业人士相互合作

每一项研究和各种相关陈述，都会把自闭症谱系障碍儿童的干预描述为一项需要父母和专业人士共同开展的工作，如果不这样做，儿童可能就会很痛苦。我们都听过这个理论，并且相信这是正确的，但是要做到这一点却是另外一回事。父母和专业人士之间不良的沟通或者分歧，使他们之间的合作关系面临挑战，通常情况下，他们的合作会以失败告终（Simpson, de Boer-Ott & Smith-Myles, 2003; Strassmeier, 1992）。成年人之间会有很多这样的冲突，有时候他们私下进行讨论，有时候根本不讨论。如果举办团队会议，气氛可能会变得紧张，有时候甚至充满敌意。如果想要公开进行这些讨论，就需要考虑会议该以怎样的程序进行。所以，我们应该如何解决这些问题呢？

我们知道的仅仅是告诉每个人，他们一定要与对方和睦相处并且合作，但是这些对于他们如何开展工作没有任何实际的作用。或许父母和专业人士应该回头看看他们关于儿童的意见和讨论，去弄清楚他们作为一个团队的功能，以及每个团队成员对其他一起合作的成员有着怎样的理解（Simpson et al, 2003）。我们耶鲁团队中的一位资深成员曾经说过，她认为我们之所以能在这项工作中取得成功，是因为"我们用同一个大脑思考"。在这里，她的意思并不是说我们总会就儿童的学习概况、儿童面临的社会困难或问题行为增多的原因达成一致的

意见。相反，她想表达的是，我们作为一个团队，要理解其他
成员看待儿童及其家庭的方式、处理问题的方式，并且要清楚
自己的专业定位。如果深度了解了每位专业人士如何进行实践，
合作就会变得更容易。为了使团队有效地运作起来，在父母和
专业人士合作的过程中，我们需要明确在他们的努力下到底会
产生怎样的结果，以及干预是否会成功。图 6.1 列出了在照顾
自闭症儿童的团队中，可能需要包括的成员。

　　让我们来看看乔纳森的例子，他是一名 7 岁的男孩，上二
年级，被诊断为自闭症谱系障碍。乔纳森的智力高于平均水平，
但是接受性和表达性语言能力低于平均水平。每当休息时间结
束，大家应该回教室的时候，乔纳森就会发脾气。这种情况往
年没有发生过，但当他出现这种行为时，无论在操场上还是在
教室里，同学们都会躲着他。他和母亲都对这种情况感到困扰，
学校生活对于乔纳森、他的老师和同学来说都充满了紧张。乔
纳森的老师使用视觉日程表来帮助他提前考虑活动中的变化，
使他能清晰地理解将会发生的事。一个星期后，他发脾气的频
率和持续时间都没有变化，于是乔纳森的老师决定在排队进教
室前的 5 分钟对他进行提醒，他们认为这种方法会有帮助。她
实施了这一策略，但是情况看起来更糟了，因为乔纳森现在一

- 学校行政代表
- 父母
- 普通教育老师
- 特殊教育老师
- 语言病理学家
- 职业治疗师
- 物理治疗师
- 学校心理教师
- 辅导员
- 社区专业人士，例如社会工作者，职业心理治疗师或语言治疗师
- 社会工作者
- 学校护士
- 儿科医生
- 心理医生
- 助教

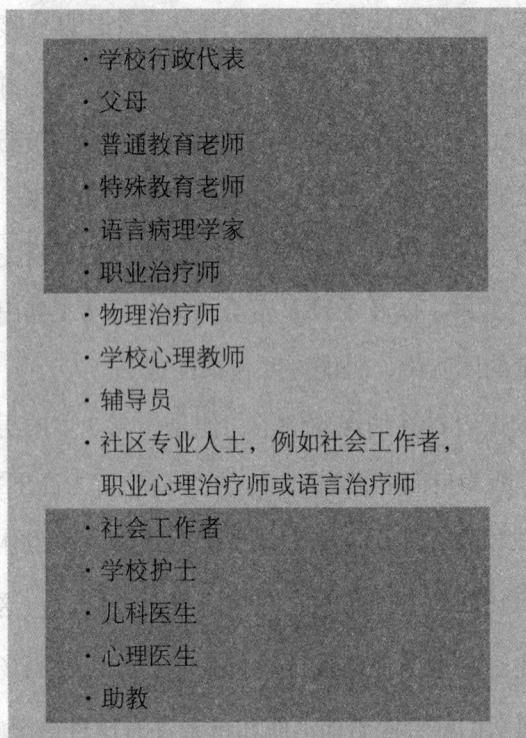

**图 6.1 团队可能包括的成员列表**

听到提醒，马上就开始变得沮丧。当老师问乔纳森为什么对在休息室排队和回教室感到这么沮丧时，他只会说："我不想！"操场管理员告诉老师，乔纳森在家里是一个"随心所欲的小皇帝"，但他完全能理解大家对他的期待。在她看来，如果乔纳森发脾气，他应该得到一个惩罚（例如，取消第二天的休息时

间）。而乔纳森的老师倾向于使用正强化来获得期待的行为，因此她决定，如果乔纳森在上课前表现得比平时好，就会表扬他。她正在考虑助手的建议，但是她真的感觉乔纳森需要自己的休息时间。

接下来，乔纳森的老师征询了他的母亲戴特（Delito）女士的意见，试着向她澄清有关情况。戴特女士说他在家庭环境中并不会出现这样的困难，她认为乔纳森的老师在学校没有正确地处理好这一问题，但是也提供不了任何不同的建议。现在老师比以往更加沮丧。她每天都要想方设法让乔纳森进教室，但他返回教室总要比其他儿童多花 10 分钟，因为在其他儿童都已经去过卫生间并回到教室后，乔纳森才能在操场管理员的帮助下被带到卫生间，所以他总是最后一个回教室。只要他能减少一点点烦躁，设法让自己去卫生间，他的老师就会马上表扬他，并且始终这样做，即使这样做看起来好像并没有多大帮助。乔纳森的助教对他缺少同情心，因此对他很严格，有时候甚至有点粗暴。老师了解到这种不甚积极的关系，并发现关系可能进一步恶化，因此她决定在整个学年里，不仅要改善乔纳森的状况，还要改善这位助教的方式。另外，乔纳森的老师与学校社会工作者一起撰写了一个社会故事，来帮助乔纳森理解日常活动。这个故事是：乔纳森在操场上，安静地排队，去了卫生间，然后返回教室。乔纳森很开心能每天与学校社会工作者一起读这个故事，通常一读完故事乔纳森就开始课间休息，这种做法似乎有一点效果，但只是有时有效。正当老师感到忍无可忍时，她和音乐老师交谈了一次，音乐老师告诉她，当音乐课上学生们使用各种乐器时，乔纳森就不能忍受了，通常，这些杂音会使他跑到走廊上。乔纳森的老师这才意识到，学生们在课间休息时去卫生间，那么卫生间里就会充满很大声的回声，并且有很多学生的叫喊声和开关门时的撞击声。于是她重新写了一个故事，在故事中，乔纳森在休息时间结束前的3分钟跟随助手去教室旁边的卫生间，这是一个被翻新的房间，它的形状使这里不容易产生回声。这种做法使乔纳森能够很好地完成活动，并且没有出现进一步的问题。

在这个例子中，对于学校的老师和乔纳森来说，行为问题出现之后，很快就转变为一个社会问题。在学校中表现出挑战行为的儿童，存在被同龄人拒绝的风险，一旦儿童在同龄人中形成了一种名声，情况就很难被扭转了。另外，乔纳森与老师和操场管理员的关系看起来也是有风险的，而且他的母亲与老师或学校的关系也可能存在风险。在这种情况下，乔纳森的老师尝试了很多理论上有效的策略（使用视觉日程表、提示、社

会故事），因此，这位老师对于可能有效的方法有一定的清晰
理解。与乔纳森母亲的沟通可能是一个比较好的步骤，但是与
音乐老师沟通才是最终解决问题的关键。因此，需要强调的是，
我们应该充分理解儿童，这样才能知道什么样的方法和策略可
能会有效，才能对多种策略进行检验，并且发挥整个团队的力
量，共同制订干预计划。

在这个案例中，还有一点很重要，即乔纳森的老师专业的
精神和持续的努力。虽然经历了很多探索性的工作，才找到正
确的方法，幸运的是，她最终解决了问题。在学校环境中经常
会出现类似的场景，幸运的是，有一些老师对于自闭症谱系障
碍有着扎实的知识，他们很可能像乔纳森的老师一样能够成功
解决相关的问题。不过，其中也可能存在风险——当学校老师
和父母对彼此都感到很失望时，儿童也会很痛苦，情况就会变
得糟糕。

还有一点让我们很担忧，即团队成员可能会归纳出这样的
结论："视觉日程表对他不起作用""社交故事没有帮助""课
前 5 分钟的提醒对乔纳森没有用，没有必要再次尝试这一策
略"。实际上，某种策略可能确实是有效的，但这需要干预团
队的成员一起努力解决问题，并且要理解乔纳森出现问题行为
的原因。此外，老师们也可以向一些具备功能行为评估相关知

识的专业人士寻求帮助，这样也许能够更好地解决问题。

当我们面临一名自闭症谱系障碍儿童的问题时，我们要把儿童的性格和环境作为重要的信息，这可以帮助我们理解儿童为什么会表现出某些想法和行为。实际上，我们也应该理解干预团队成员的这些信息，这会使我们发现在从事自闭症谱系障碍儿童干预工作时，团队中存在怎样的动力。我们应该抽出一点时间，关注那些在儿童身边的成年人。

我们可以设想一种理想的情况，即父母和专业人士会放下他们的态度、信仰、偏见、疲劳和心理压力，共同进行有效的合作。但是，现实的情况是，父母和专业人士都存在很多压力，这些压力会影响他们对自己的工作和自己的作用的看法。已有很多研究探索了自闭症谱系障碍儿童父母的压力和应对方式（Bailey, 2010; Boyd, 2002; Hastings, 2010; Koegel et al, 1992; Kuhn & Carter, 2006），但是很少有研究探索专业人士如何处理从事儿童工作时的压力（Jennings & Greenberg, 2009; Ransford, Greenberg, Domitrovich, Small & Jacobson, 2009; Strassmeier, 1992; Williams, Johnson & Sukhodolsky, 2005）。在本章中，我们会总结父母和专业人士的压力，并以此为背景探讨二者之间的合作。

# 专业人士的经历

从事自闭症谱系障碍儿童干预工作的专业人士可能包括普通教育老师、特殊教育老师、语言病理学家、助教、职业治疗师、物理治疗师、心理学家、儿科医生、心理医生、学校辅导员、社会工作者和特殊教育管理人员，但不仅限于这些。当然，每位专业人士都可以与大家共享不同方面的知识和经验。此外，随着人们日常生活的变化，有许多因素在起作用，其中一些是有帮助的，一些则没有帮助。

截至 2008 年，学校专业人士一直在利用越来越少的资源和支持，做着越来越多的工作（Ransford et al, 2009）。那些在 2003 至 2004 学年平均每周工作 37.7 小时的老师，现在平均每周工作 50 小时（Ransford et al, 2009）。目前的社会思潮主张，学校专业人士应该负责帮助学生在情绪和社会化方面成长（2004 年美国《残疾人教育改善法》；2001 年美国《有教无类法案》；Ransford et al, 2009）。一些教育工作者希望自己能帮助学生学习，并使他们对特定的内容和想法感兴趣，但现在他们不得不扩展自己的工作内容，也要训练学生的社会化和情绪调节能力。老师和学校的其他人员表示，他们并没有学习过处理这些问题的相关技术，因此他们认为自己不能胜任这项工作（Jennings & Greenberg, 2009）。

美国的各个学区每年都会进行教师考核，这为老师们增加了压力，因为他们需要接受学校行政人员的审查，而学校行政人员又要接受上级政府的审查，在整个地区的测试中需要达到特定的分数。在 2001 年美国的《有教无类法案》中，规定了对那些表现不佳、导致学区承担更多成本和花费的学校的处罚措施。各州需要扩大自己本来就很有限的资金投入，来缴纳表现不佳而产生的罚金——这并不是一个能推进改变的有效措施。兰斯福德（Ransford）（2009）和同事们归纳出，由于学生的表现取决于多种外在因素，而这些因素在老师的控制范围之外，因此以学生的表现作为指标，会给老师造成极大的压力。由于老师无法控制住影响结果的每一种因素，期望能获得成效是不现实的。

通常，普通教育老师在处理自闭症谱系障碍学生的需求时，都会感到自己准备得不充分（Simpson et al, 2003）。由于不具备有关残疾群体或相关融合教育计划的专业知识，老师们会变得不堪重负，对自己从事这份工作的能力失去信心。辛普森（Simpson）（2003）和同事们强调，这些老师（和儿童干预团队的其他成员）需要与他人及有能力提供支持的人员（例如助教）进行持续的合作。所有已有的研究证实，一些专题讨论会或者有时间限制的在职训练计划都无法提供有效的团队支持或者为学生的干预计划提供咨询服务（Ransford et al, 2009; Simpson et al, 2003），但是，我们需要的是持续的咨询。想要为自闭症谱系障碍学生制订有效的干预计划，另一个关键的要素是获得行政人员的支持（校长、特殊教育主任、学校负责人等）。最后，学校人员也需要关注家庭对于儿童的反应，并了解儿童的缺陷会对家庭造成怎样的影响。

倦怠（burnout）是指这样一种情况，即学校人员在从事学生工作时，感觉不堪重负、没有成效、心理和生理疲惫甚至有时候感到愤世嫉俗。斯特拉斯梅尔（Strassmeier）（1992）对一些从事特殊学生工作的老师和其他专业人士的压力水平进行研究，发现很多特殊教育老师报告他们在工作中有长期的疲劳、不能得到放松、效率低。倦怠的原因有很多，如来自学校行政人员的支持有限、在教育学生的方法上与同事存在冲突、没有合适的方法来满足学生的学习需要、时间不够用、日常书面工作看起来没完没了、工资收入较低，以及来自学校行政人员和孩子父母的压力——他们总是期望老师做一些不可能的事。与我们的讨论有关的是倦怠的一个主要原因，即老师们之间不能一直合作，缺少关于教学内容和方法的讨论，以及学校人员如何从管理层向下形成普遍联系的问题（Strassmeier, 1992）。

在 2009 年的一项研究中，研究者对幼儿园至五年级老师实行社会—情绪课程的能力作出了评估（Ransford et al, 2009）。研究者测量了老师们关于这项教学课程的态度及他们的心理学经验。结果发现，老师们使用补充教学材料实行社会—情绪课程的频率和质量，以及他们使课程迁移和整合到其他学校生活中的程度之间存在密切的联系。倦怠水平较高的老师对这种课程实施得较少。

读到这里的一些专业人士，会不会对这一事实感到惊讶呢？这一点我们不太确定。但有一点可能会让人感到惊讶，即当团队成员聚在一起，共同为有特殊需要的儿童制订干预计划时，常常会忽略这样的事实。最好的行政人员会了解到这些信息，并找到一些办法来支持学校职员，但是在一些情况下，学校专业人士之间所传递的理念是，他们不应公开自己的个人想法和专业意见，这样一来，只有在团队会议上，专业人士在儿童的父母面前才能形成统一战线。

想要在学校环境中组建一个从事自闭症谱系障碍儿童干预工作的团队，这一团队的结构以及外部咨询顾问（如心理学家、教育咨询顾问或儿科医生）的作用是两个值得重点考虑的问题。在这种情况下，学校人员可能会欢迎社区专业人士的加入，也可能会因为他们的加入而感觉受到威胁。在引进特定的咨询顾问之前，学校人员可能接触过他们，并且有过一些不好的经历，如感到被批评、不被欣赏或自己的工作没有成效等。如果学校专业人士能够把这类经历放在一边是最好的，但事实上这并不容易做到。咨询顾问对于学校团队的成员可能也会有相似的想法，同样，把这些放在一边是非常困难的。

　　另一个问题是，学校专业人士在训练和取向上是有差异的。一个严格遵守行为准则的行为主义者，或许会把儿童的行为看作一种形式的逃避；而另外一个有着更多发展取向的行为主义者，或许会把行为准则和对儿童发展阶段的理解整合在一起，其中，儿童的发展阶段是相对于其生理年龄而言的。一个语言病理学家或许会把特定的行为看作一种清楚的沟通方式，这种沟通与儿童的心理状态、情感经历和需要有关。最后，一个职业治疗师会认为儿童的行为与感官需求有关。作为专业人士，我们每个人都有责任考虑其他不同的观点，并且尊重他人根据自己的知识和经验而得出的关于儿童的困难和行为的结论。如果做不到这一点，学校行政人员或团队领导者就必须处理团队的内部冲突，并积极地解决问题。如果偏袒团队中的某位成员，而忽略其他的成员，团队中的信任和士气就会瓦解，同时也会导致干预过程混乱，未来团队成员一起进行有效工作的可能性也会很低。我们可能听到过这种令人吃惊的状况：团队成员在团队会议上努力地想要解决分歧，因为他们误以为这种行为可以欺骗儿童的父母，并且不会阻碍儿童的进步。在我们思考如何改善这种情况之前，让我们先来看看儿童父母的经历。

## 父母的经历

自闭症谱系障碍儿童的父母经历了大量与儿童的成长与发展相关的情绪和社会化阶段，而儿童的成长与发展也深深影响着父母的心理状态。另外，这些父母和所有其他正常孩子的父母一样，都背负着很多期望，这些期望与他们过去的经历、家族的期望、社会的期望和他们自己的需要有关。大多数新生儿的父母希望有接近完美的孩子，这个孩子会具备他们所没有的学习、音乐、运动和社交天赋；或许这个孩子在他人眼中就像是父母的补偿（这个孩子会成为他们想象中的样子）。但是，当父母逐渐认清现实之后，会发现每个新生儿都有独特的人格，都有优势和不足，这是与遗传和体质相关的，这时有着较高期望的父母会受到打击。自闭症谱系障碍儿童的父母如果发生这种情况，会比正常发育儿童的父母更加严重。试想一下这些父母的悲伤和苦恼，他们本来希望自己的孩子拥有独特的天赋和技能，却发现他们与其他同龄人相比，在应对日常生活中的问题时能力还要稍差一些。此外，当儿童出现一些转变时（如去露营或到一所新学校），父母会报告自己体验到无法言喻的悲痛。

对于自闭症谱系障碍的早期评估过程是很艰难的。贝利（Bailey）（2008）描述了父母在初次参与儿童的诊断会议时复杂的心情，他们既希望知道是不是哪里搞错了，同时又不希望知道，而且他们并不总是相信专业人士对儿童的评估。如果儿童曾经接受过诊断，父母对专业人士就会有良好的印象，无论专业人士是否参与了对儿童的评估过程，而且这种印象在以后的互动中也会继续存在。无论儿童处于哪个年龄阶段，父母都面对着无情的压力，并会隐隐地担忧这种状况会一直持续下去，以及这会给儿童的生活及家庭带来什么（Boyd, 2002; Koegel et al, 1992）。

同时，在儿童被确诊时，父母其实会感觉得到了一些支持，他们可以了解到有哪些资源可以帮助自己了解诊断结果的含义，有哪些有用的帮助以及社会（早期干预、学区）可以给自己提供怎样的支持。有时父母很想知道自己孩子将来的生活会是怎样的，但我们当然无法提供相关的信息。在许多方面，父母听到这些会感到很沮丧，但是我们需要帮助父母重新把注意力放在短期的目标上，并帮助他们优先解决一些首要的问题（Bailey, 2008）。

自闭症谱系障碍儿童的母亲和父亲出现心理健康问题的风险很高，如抑郁和焦虑(Hastings, 2003, 2010)。当与父母合作，在学校和家中实施一些干预策略时，专业人士可能不会意识到，父母也许会出现失眠、注意力和集中力较差、慢性焦虑、抑郁心境、易怒、绝望、无助、没有价值感、缺少能量等问题。虽然有时不表达出来，但母亲和父亲会感到内疚，并且觉得自己很失败，好像他们自己做错了什么事，才使自己的孩子发展成自闭症谱系障碍的可能性提高了。不幸的是，家族中的成员可能会强化这种错误的观念。罗杰斯和道森（Dawson）（2010）指出，文化期待会影响父母和家族成员对儿童缺陷的理解。养育正常发育的儿童已经是一个足够大的挑战了，因此，我们可以想象那些面对额外的压力和症状、需要在家里实行特殊策略的父母有多么辛苦。相对于没有感到压力的父母，有压力的父母在和儿童互动时效果良好的可能性更低（Hastings & Beck, 2004）。如果儿童存在严重的行为问题，其父母的压力水平会显著提高，因为他们的父母很害怕带他们出现在公共场合。存在睡眠问题的儿童会变得易怒，并且全天觉得疲惫，而他们的父母也常常处于睡眠不足的状态。

在自闭症谱系障碍儿童的家庭中，成年人会使用无数的方法来应对压力和紧张感。在儿童确诊后，父母可能会让自己陷入死板的角色中，以此来应对压力（Bailey, 2008）。有时，父亲会投身于工作中，来赚取更多的钱，以保证家庭可以支付额外服务和支持的费用，而母亲则会负责照顾儿童的日常生活，虽然并不是所有家庭都是如此。父母的婚姻关系可能会变得紧张，而自闭症谱系障碍儿童的兄弟姐妹可能在某种程度上会感到被家庭所遗忘，因为大家的关注点都在患儿身上。有时，如果儿童表现出较弱的社会强化，并出现难以管理的行为困难，父母可能会尽量避免处理儿童的问题。这会引起父母的内疚和挫败感，使他们更容易出现心理健康问题和关系问题。

前人通过大量的研究发现，自闭症谱系障碍儿童的母亲会比其他发育障碍儿童的母亲体验到更大的压力（Hastings, 2010; Koegel et al, 1992）。儿童的年龄越小，其母亲体验到的压力越大。自闭症谱系障碍儿童的母亲表示自己感到力不从心，并且自我效能感较低，这些都会使她们丧失斗志。凯尔·普鲁厄特（Kyle Pruett）博士是耶鲁儿童研究中心的儿童精神病学临床教授，他推断，当儿童没有或只有很少的社会动机去与人互动时，母亲对于应对这种状况会尤其感到丧失斗志，这是因为在传统意义上，虽然父亲也有责任，但是儿童社交技能和共情能力的发展主要是由母亲负责的。面对一个不能自然地表现出社会联系、同情心和社会交往的儿童，母亲会感到非常挫败，因为她认为这些东西正是自己需要重点传授给儿童的。父母会在无意中减少与儿童的互动，因为他们得到的反馈太少了（Keogel, Vernon et al, 2010），这会使儿童形成沟通技能的过程进一步放慢。缓慢且不一致的过程会令人失望，父母会一直担心，会不会在其他地方存在更好的治疗方法。这样一来，教养过程就会变得极其艰难（Rogers & Dawson, 2010）。

这些问题越来越困难，因为父母总是与专业人士的领导协商来为他们的孩子获得服务。这需要杰出的组织和沟通技巧，而有些父母或许没有。更多的父母感觉自己能够有效地帮助孩子，就像他们很少感到自己充满了焦虑和绝望（Kuhn & Carter, 2006）。

## 对儿童保持关注

事实上，我们有办法使父母、学校专业人士和社会专业人士组成团队，共同合作，一起为自闭症谱系障碍儿童制订有效的干预计划。本质上，实现这一目标的前提是，团队成员要在需要干预的领域上形成一致意见，并且要相互沟通看法，讨论为什么这一领域是有问题的，存在哪些治疗的可能性。起初，团队成员不需要就问题行为出现的原因达成一致意见，只需要确定这些问题是存在的。每个团队成员都应该思考行为是如何表现出来的，并假设问题出现的原因，即使儿童的行为表现形式看上去是相同的，团队成员也要考虑儿童适当行为的缺乏或问题行为是否具有多种功能（Powers, 2005）。详细描述一个特定的问题（例如，一名儿童在不恰当的时间和地点重复剧本上的话）以及这一问题在不同环境中（如家中、学校食堂、教室、操场）是如何呈现的，可以帮助团队成员详细分析这一问题，使他们了解到一些相关的信息，明确哪些内部或外部事件引起了这一行为。在这样的讨论中，我们有必要提醒每位成员，自闭症谱系障碍儿童非常倾向于在不同的环境中表现出很大的差异，这种现象是很常见的。此外，不同的观察者对于儿童正在做或没有做的事，所得结果的一致性是很低的，通常得出一致结果的概率只有 20%（De Los Reyes & Kazdin, 2005）。这并不是因为某些观察者会比其他观察者理解得更好或观察得更仔细，而是因为所有的观察者得出的结果其实都是正确的。当父母说儿童"从来没在家里这样做过"，这也许是真的，而下一步我们要做的就是找出原因。如果团队可以识别出产生不一致结果的原因，并把环境中的变量分离出来，使一些行为只在一种环境中发生，在其他环境中不发生，这是一个正确的干预方向。本质上，团队成员需要根据不同人士提供的不同信息，来探索行为的资料，并确定行为的功能，以制订应对这一行为的干预计划（De Los Reyes & Kazdin, 2005）。我们会经常看到，团队成员过分注重一些不一致的信息，如行为有多严重、频率是怎样的、行为有多棘手等，并且不讨论清楚这些问题就不会进行下一步的工作。这些不一致的观点使人越来越烦恼，干预团队也无法获得进一步的成果。在这种情况下，大家很容易忘记每个人（专业人士和父母）都在努力理解儿童和他们的行为，都在为帮助儿童学习而努力工作。

## 信任：它不是法律所规定的

没有人可以否定联邦法律的优点，因为它为有缺陷的学生（包括自闭症谱系障碍学生）提供了平等接受免费、适当教育的机会。另外，许多科学家、教育者和医生进行了开创性的工作，虽然我们无法一一提及，但它们确实有效地推动了我们对于儿童的理解，使我们懂得如何帮助儿童好好学习、发展和成长，拥有充实的生活。我们不得不承认，无论是在教育、特殊教育或是社区服务领域，绝大多数从事自闭症谱系障碍儿童相关工作的人员并不是为了赚钱。事实上，教育者、父母和医生都希望看到儿童接受教育并锻炼出最佳的能力，他们被这种愿望激励着。有时，这一点似乎难以置信，但这的确是事实。

一个经验丰富、有才干并且非常成功的特殊教育老师正在从事小学生的干预工作，她认为，一个有效运作的团队与一个苦苦挣扎的团队的区别，完全取决于信任。当家庭和专业人士都相信，在帮助儿童解决发展和社会问题时，大家心里存在诚实、开放和真正的渴望，儿童的教育过程就会顺利推进。当这一过程中充满怀疑、疑虑、困难的感觉，或者团队中的一些人没有形成正确的信念时，团队就会陷入挣扎，儿童的状况也会如此。当学校和家庭在沟通上出现争吵时，儿童也会感到痛苦。这是一件令人伤心的事，但这就是现实。本质上，努力理解团队和理解儿童是非常重要的。

## 促进合作

当团队成员放下他们对于自己工作和意见的防御，努力与彼此进行真正的沟通时，合作就会开始。学校行政人员面临着非常艰巨的重大任务，因为他们的工作是处理学生和家庭的需要，同时照顾好员工并做好预算。作为父母和专业工作人员，我们可能会对财政问题感到愤怒，但是在任何一个特定的系统中，我们都要支付服务的费用，这是一个现实。

在从事特定儿童的干预工作时，团队中的每个成员不仅都有一个正式的角色，还会有一个非正式的角色。一位喜欢畅所欲言且人格独立的团队成员，或许有能力改变讨论的方向，使方向更好或更差。另一位团队成员也许在与儿童相处时具有很强的天赋和创造力，但是可能在参与团队会议时不太积极。一些体验到倦怠的团队成员会使团队中形成绝望和缺少合作的氛围。考虑到以上问题，团队中应该有一名成员被指定为领导者，并有权主持会议。团队领导者需要在学校行政人员的支持下来实现自己的角色，尤其要确保团队成员对自己的尊重和理解。

学校行政人员或团队领导者必须要处理或面对那些阻碍合作过程的团队成员（无论出于什么原因），虽然做到这一点有些困难。虽然在公共场合中不宜这样做，但是关于这一问题团队成员应该进行坦诚和支持性的讨论，大家都应该努力提出实际的解决办法。

## 如何与父母合作

在与父母共同工作时，会出现一个相似的问题。正如前文中所述，父母会带着各种各样的感受参加团队会议，这些感受可能是关于儿童的需要，以及合作的过程。正如学校或社区专业人士有着不同的个人风格，父母们也是如此。父母们的方式各不相同。一些父母很被动，甚至对干预过程很少表现出情感；另一些父母会积极地与专业人士合作。一些父母不能有效地根据团队建议开展干预，即使他们想要这样做。一些以前与学校人员发生过冲突的父母，或许会以一种防御或应战的方式来参与团队会议。我们必须要处理这些问题，但是需要稍微改变一下方式。一位与父母共同从事儿童工作的社区专业人士，或许更适合与我们讨论父母的想法和感受，以及他们在与学校团队成员互动时的行为。通常，如果父母与一位非团队成员讨论关于儿童或团队的担忧，他们会感到更安全。一位成熟的咨询顾问或社区专业人士会努力引导合作过程，并尽量避免冲突或不信任感的增加。

如果学校团队感觉有必要处理一些与父母有关的问题，以排除阻碍有效合作的因素，那么，可以由一位成员尝试与父母讨论这一问题。由于学校没有义务为父母提供个人咨询服务，因此这种讨论过程需要精妙地处理。团队中的社会工作者或心理学家可能最适合处理有关合作的问题。如果父母与团队中的一位专业人士有很好的关系，那么这个人就是最佳人选。在合作过程开始之前，还需要向学校行政人员说明计划。《残疾人教育改善法》要求学校为父母提供咨询和训练，这意味着专业人士要帮助家长理解儿童的特殊需要，并且帮助他们学习与儿童干预相关的技能（Wright & Wright, 2007）。无论如何，这都不意味着学校要通过这种服务来解决父母与专业人士之间的冲突，如果学校专业人士尝试这样做，或许会产生法律后果。再次强调，任何学校人员与父母之间的会议都需要学校行政人员的知晓，这些会议一般会讨论父母的角色和行为。

本质上，任何一个成功的自闭症谱系障碍儿童干预计划，都依赖于所有团队成员之间的顺利合作，以及具有理论依据、符合儿童特定需要的干预策略的有效实施。

第 7 章

# 迁移：新习得行为的适应与保持

在促进自闭症谱系障碍儿童社会性发展的过程中，我们的根本目标是帮助他们达到这样的水准——能够顺利地把一种新的社会行为整合到他们已有的行为系统中。这就是说，儿童真正具备了这种行为，并且可以根据不同的环境随时对行为进行调整。如果儿童不能在正确的时间和地点对社会行为进行简单的整合，再熟练的行为也可能会显得虚伪或不合适。相对于简单的零散行为，儿童在学习一些复杂的、更高水平的社会行为时更可能出现这种情况。

举例来说，一名自闭症谱系障碍儿童也许能学会在学校向老师和朋友们问好，但当这名儿童在超市碰到同学或老师时则不会这样做。这是为什么呢？因为这一技能是在学校的教室里学会的，是在儿童早上到达学校、脱下外套、放好饭盒后习得的。儿童会认为问好也属于这一系列的日常活动之一，因此会做得很好。他确实学到了这一行为，并且会根据当时的环境、周围的人以及当时的一些其他特定事件而表现出这一行为。他没有领悟到，问好的意义在于当看到某人第一眼时向对方表示敬意——这对于自闭症谱系障碍儿童确实太抽象了。儿童学会了具体的技能，却不能像我们所想的那样将技能迁移。由于超市的环境与日常学校情境并不是很相似，因此儿童不能作出正确的反应。

在本章中，我们会明确地描述迁移过程及训练迁移的步骤。

为方便起见，我们采用"迁移"（generalization）一词来代表把行为拓展到新的环境、对象和情境中，以及帮助儿童随着时间保持行为（又称为时间迁移）。

不幸的是，干预研究中很少谈到迁移的相关信息，仅有一些研究报告了在干预后行为的保持通常不超过 6 个月（ Bregman, Zager & Gerdtz, 2005 ）。同样，许多讲述如何训练儿童把行为拓展到新情境中的研究，都把注意力集中在具体的任务上，例如学习新词汇和日常行为。这是由于对迁移概念的构建是以应用行为分析的相关文献为基础的，因此，目前与迁移有关的指导原则均与这一理论导向一致。我们所面临的一个挑战是，社会是具有复杂性的，所以，将迁移的原理应用到具体的任务中，比使用同样的原理在社会学习情境中改变行为要简单得多。社会情境是以环境为基础的，并且十分自然，相应地，我们的行为反应也应该是自然、流畅的。我们将从具体行为技能的迁移开始讨论，由此推广到对社交技能迁移的探讨。

## 基本原理

迁移是指在行为习得之后，个体可以在多种情境中对行为进行概念化并执行该行为，而不是在单一的情境中理解和执行它（Powers, 2005）。图 7.1 描绘了基本的"刺激—反应—强化"过程。更进一步说，我们有必要了解一些行为分析中的术语，虽然它们看起来可能比较陌生，但这些术语确实可以准确地描述行为，并帮助我们更好地理解行为迁移。我们将从以下 3 个词开始阐述：刺激迁移、刺激辨别和反应迁移。在阅读以下部分的过程中，读者可以随时参考图 7.1，这样更有助于理解相关内容。

**刺激迁移**

刺激迁移是指，如果儿童曾对一种熟悉的刺激作出反应，并得到了正强化，那么在一种新的类似刺激出现时，儿童对这种刺激表现出特定行为的可能性会增加。举一个具体的例子，一名儿童学会了在家看到点心盘时，就主动要求吃饼干，如果他提出要求时表现很恰当，成年人就会给他一块饼干。这样，在其他有点心的环境中，儿童可能也会向成年人要求吃一些食物，如果这时儿童得到了食物，他的行为就会被强化。最初的刺激（饼干）迁移到了点心，基于新的但类似的刺激，儿童的行为得到了迁移。在前文所描述的例子中，儿童迁移失败（图

7.2）。如果儿童在超市碰到老师时，也希望老师能对自己微笑（强化），他就会向老师问好，这样，他就把刺激（老师）迁移到了新的环境中。正常发育的儿童和成年人在这方面的表现没有问题，他们会根据新环境中出现的和以前经历中相同或相似的线索，来确定如何进行行为反应。

自闭症谱系障碍儿童不具备从刺激中提取特征的能力，这一能力恰恰是在类似刺激出现时反应所需要的（Ghezzi & Bishop, 2008）。其次，其他可能增加或减少迁移的对象、地点或时间等因素之间可能不一致（Powers, 2005）。最后，能够引起我们所期望行为的刺激可能包含其他因素，这些因素是干预者预料之外的（Peterson, 2009）。

我们分别来讨论这 3 个问题。首先，关于提取信息，在没有帮助的情况下，自闭症谱系障碍儿童通常很难对环境形成正确的理解。因此，当我们训练儿童的新行为（如问好）时，需要让他们明确行为的目的，并给他们呈现大量的示例。干预者需要先在常见的场景中为儿童提供练习的机会，然后再转换到不那么常见的场景中。最初，"向他人问好"的刺激通过其他人的提示而逐渐增强，一段时间后，儿童需要在没有提示的情况下对刺激作出正确的反应。在某一情境下，当儿童需要决定如何进行反应时，可以教他问自己一系列关于情境的问题，这

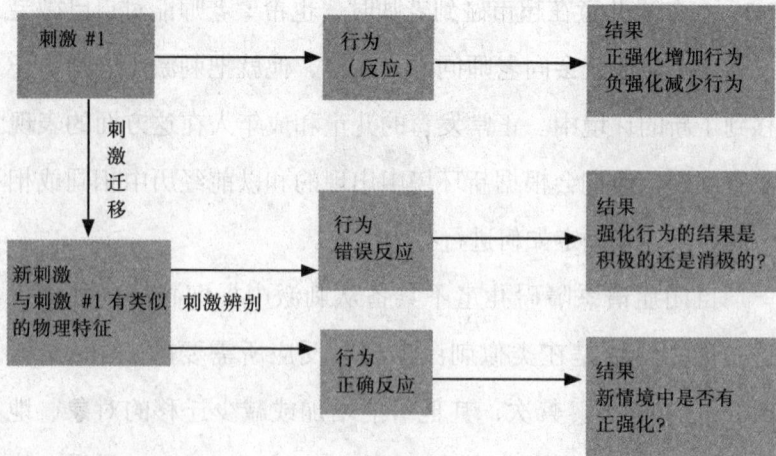

图 7.1　刺激迁移与刺激辨别

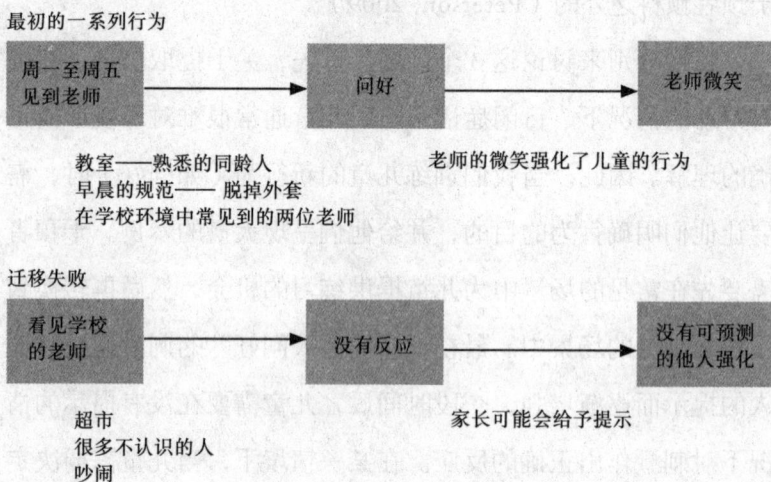

图 7.2　迁移失败或辨别失败

种自我管理策略儿童迟早能派上用场。例如关于"问好"，我们可以教儿童问自己："我认识这个人吗？"如果不是，他就会接着问："这个人是与我妈妈或老师一起时认识的吗？"如果是，问好是接下来应该作的反应。对于自闭症谱系障碍儿童来说，理解社会行为的自我监控策略不是一件易事，但我们的目标是让儿童的行为反应越来越自动化。

鲍尔斯（Powers）（2005）强调了另外一个问题，即由于环境事件和个体内在因素等使迁移并不发生的情况。环境事件是支撑儿童对刺激作出正确反应的条件。例如，教室的布局、噪声的强度、出现的人物及时间等，都是行为发生的可能条件。这些虽然不是对行为的提示，但却是在刺激出现时作出正确反应的条件。个体内在因素也会影响儿童能否对刺激作出反应，如儿童是否困了或饿了、是否刚刚从愤怒情绪中平复过来或是计划日程的改变等，都是影响儿童是否正确反应的个体内在因素。值得注意的一个问题是，干预者往往没有意识到什么样的环境事件能引起儿童的正确反应，以及个体内在因素会对行为产生怎样的影响。在上述的例子中，干预者可能没意识到，促成儿童的正确行为的因素，不仅是与老师问好，还包括教室环境、时间和其他儿童问好时的行为表现等，其他影响因素可能还包括互动的对象以及之前对其互动对象的了解。

　　为了解决这一问题，干预者应该尽可能多地考虑到自闭症儿童表现正确行为的种种影响因素，包括环境事件和个体内在因素以及儿童的个体情况特点。如果一种行为没有出现迁移，我们就需要详尽地比较以下两种情境：训练情境（儿童出现正确反应的情境）和测试情境（儿童没有出现迁移的情境，Martin & Pear, 1988）。在测试情境中，需要注意记录环境事件和个体内在因素，以及新出现的刺激和原始刺激之间的相似点与不同点。此外，我们还要考虑一些其他重要的因素，如适当的行为如何及何时发生、如何使行为开始和结束、行为的持续时间、发生频率、物理描述等详细信息（Powers, 2005）。

　　假设我们要训练一名自闭症谱系障碍儿童在学校的休息时间、等公交车、午餐排队、在走廊和自习时与另外两名儿童交谈，首先我们要确定教给儿童什么样的行为，以及如何强化儿童的反应。对于动机强、希望参与到同龄人中的儿童来说，可以通过其他儿童的反应来强化其行为，但对于社会动机较弱的儿童呢？干预者应该从对正确反应给予奖励开始，逐渐帮助儿童最终通过社会互动来强化行为。

　　干预者可以训练儿童如何与他人对话，问一些其他儿童感兴趣的问题，对他人的话作出评价，并详尽地展开谈话（这是一种更高水平的技能，需要更多的练习）。儿童需要练习的机会，可以尝试先与一位成年人练习对话，再与其他人练习。如果儿童表现得很好，干预者可以考虑在自然情境下测试该技能的掌握情况。干预者可以让儿童尝试在午餐时与别人交谈，如果进展顺利，儿童与干预者可以考虑这一过程中哪些方法是正确的；如果失败了，应该反思是什么因素导致失败。儿童必须定期在不同的时间和不同的环境中进行练习，成年人要帮助儿童使用曾学习过的规则来判断如何及何时开始交谈才是适当的。为了不让儿童感觉到压力，可以先让儿童尝试在一种情境下练习，直到表现自如再系统地扩大到其他情境中，当然，这需要干预团队精心地计划。

第三个问题是，刺激（假定会触发儿童作出行为反应的事件）可能不会一直发挥刺激的作用。我们可能会认为我们了解行为产生的原因，但是这一想法可能是完全错误的，刺激有可能会引发其他我们并不期望产生的行为。在考虑迁移过程之前，我们需要先确认儿童是否学会了基本的行为顺序，否则，成年人可能会在无意中强化了儿童的不良行为（Ghezzi & Bishop, 2008）。

### 刺激辨别

刺激辨别是指儿童学习评估新的刺激（表面上看来与之前

的刺激很相似）并确定新刺激出现时是否应该表现出自己学过的反应。对于很简单的任务来说，这意味着儿童要通过一定的标准在心里辨别、比较两个情境并作出如何反应的决定。但当涉及社会行为时，使用这一策略会很难作出正确的决定，因为两个刺激太过相似，而一些有效但隐含的信息可能出现在其中一个情境，另一个情境中则不存在。对自闭症谱系障碍儿童来说，判断、理解及识别这些隐含信息的能力是很困难的，所以我们应该把过程具体化，这样或许能使他们在辨别刺激时得到帮助。一名自闭症谱系障碍儿童可能会被另一名儿童邀请一起到操场玩，当她回忆起被另一名儿童邀请时，她觉得自己很受欢迎并且玩得很愉快，但是，现在这名儿童邀请她玩时，会在游戏中不断地嘲笑她。在这种情况下，她就需要通过社会信息来辨别刺激（游戏邀请）。

在自闭症谱系障碍儿童的发展过程中，他们要作出不计其数的判断，因此，干预者需要分析社会情境，并为儿童提供尽量多的规则，帮助他们进行刺激辨别。图片提示、同辈辅导者和家庭成员都可以作为辨别刺激，来帮助儿童作决定（Powers，2005）。在可能的情况下，干预者应该训练儿童为了作出社会决策而进行自我管理的步骤，并且帮助他们去练习。然而，社会规则的变化取决于多种因素，且只有一部分儿童可以作出这些决定，也有可能作出错误的决定。即使是正常发育的儿童和成年人，平时可能也会作出一些不恰当的社会判断。

### 反应迁移

当儿童开始对刺激作出不同的正确反应时，反应迁移就发生了。最初，儿童会学到如何对一个刺激作出行为反应，（他）她可能会对刺激或相似刺激作出正确反应（刺激迁移），但现在，（他）她需要对正确反应作出选择。这时的目标就是帮助儿童随着时间迁移出新的反应。一种比较有效的训练策略是使用榜样，由儿童和干预者一起回顾刺激出现的情境，在这些情境中榜样儿童可以判断如何反应，并且选择一种正确的反应。例如，在本的例子中，当其他儿童哭时他会大笑（见第 3 章），我们需要向他展示多个榜样，这些榜样儿童会作出不同的反应，这样做可以使他知道当其他儿童不高兴时如何正确反应。由于认知和语言发展的缺陷，一些自闭症谱系障碍儿童可能不具备学习多种反应的能力，这时就需要训练他们多种机械的反应。另外，成年人可以帮助儿童建立一系列的非语言信号，以此来指导儿童作出行为反应。

# 社会行为的迁移

随着儿童的成长，训练自闭症谱系障碍儿童迁移并保持自己所学的新社会行为，似乎是有挑战性的。即使干预者熟知整个过程，但是对每个人来说，训练社会行为、整合社会信息和进行迁移判断是一个需要付出努力的过程。我们不可能教会儿童所有可能发生的事情，因为这会改变儿童反应的性质。事实上，迁移训练为儿童提供了自我管理的经验以及选择如何反应的方法。此外，干预团队的成员及儿童生活环境中的每一个人，都应该为儿童提供各种形式的行为练习机会。同时，干预者也要知道整个干预计划如何实施。因此，干预者首先要考虑的是提出一个合理的干预计划，然后再进行社会行为迁移的训练，因为他们可能需要在首次干预后修改计划并选择更合适的策略以使干预更好地开展。鲍尔斯（2005）认为，斯托克斯（Stokes）与巴尔（Barr）在 1977 年提出的"（迁移的）训练与希望"策略是没有效果的。然而，目前很多训练依然采用这一策略（Peterson, 2009）。我们必须注意，受时间、地点和特定刺激所限制的行为是没有太大的功能价值的。

在制订行为迁移的干预计划时，要注意条件是因人而异的。这意味着当我们训练自闭症谱系障碍儿童某一特定行为时，要考虑和平衡两种不同的原则：其一是学习新行为时，要考虑行为的一致性和可预见性，即一致的提示、一致的奖励和类似的环境；其二是儿童需要学会对不同提示、不同奖励及不同环境作出反应。其中的关键是刺激（提示）、环境和强化（反应）中必须包括一定的一致（相似）元素，可以引发行为，但不是每一个情境中都是一致的。如果情境中的元素都不改变，儿童会在情境和反应的具体元素上出现固着，只有当所有元素都存在时才会有所行动，而变化的物质、情境和人将会改善这一状态。如果儿童学会了对一个刺激如何反应，并发展到会对类似的刺激作出反应，儿童就学会了迁移。"自由式训练"是指干预者必须着眼于更大范围的训练并加以强化。换而言之，干预者必须要认识到，在最初训练的过程中，可以利用不同刺激（具有共同的特征）来进行提示并使用不同的奖励（也具有共同的特征）来进行强化。如果想要实现这种水平的干预，干预者必须在儿童面对特定的情境之前就先了解该情境，也要事先了解儿童偏好什么样的强化物。

为了培养儿童的社会判断能力，我们需要训练儿童对复杂线索的反应能力（Koegel & Kern Koegel, 2006）。通常，自闭症谱系障碍儿童会把注意力过分地集中在刺激或环境的某一方面，干预者需要就环境中的一系列信息给出明确的指令，使儿童能够判断并作出正确反应。再次强调，在干预中我们需要使用多种训练技术和教学材料，并把自然环境中的元素整合到训练中，这样才能使儿童在面临变化的环境事件和偶然事件时表现出正确的行为（Ghezzi & Bishop, 2008）。

儿童在新的环境、对象和事件上的迁移训练原则，对于儿童随着时间出现迁移的训练同样有效。在生活中可能会有这样的情况，儿童学会了一种新行为并迁移得很好，但随着时间的推移，行为频率会减少。例如妮可学会了在午餐时与同桌的同学们愉快轻松地聊天（第 5 章），如果一起吃饭的儿童在外表上出现了变化，或者校园剧结束了（这是聊天时的主要话题），我们就需要使用策略帮助妮可继续发展和加强这一技能。她可以学着去问新同学一些问题，使大家能够轻松地建立关系，同时也要学着评论他人谈及的话题。如果在情境中不再呈现环境事件和强化，随着时间的推移，习得的社会行为将会消退。有时，与妮可聊天次数最多的儿童可能不和她在同一饭桌，这种情况会对她产生一定的影响，干预者需要使用新方法来帮助妮可与其他同学交谈。

另一个例子是关于马克，一名 6 岁的一年级男孩。他能适应学校的环境，也能完成学业任务，问题在于马克常常会忽略老师和同学的存在。除非是在一对一的环境下，他才不会忽略他人。一对一的帮助虽然很有效，但是他需要不断地提醒。没有他人的帮助，他就不能独立在课堂上学习，反而会选择独自画画。干预者将其干预目标设定为，无论是社会的、学校的或其他的刺激出现，马克都能作出一致的反应。从理想化层面来说，马克的行为反应应该是不受时间发展限制，在任何环境下都能一致表现出来的。有一种策略对于其他技能的训练也是有效的，即把需要作出反应的任务分解为几个小的步骤，干预者要详细地教他每一步如何做，并在反复练习的过程中给予其适当的强化。然后，干预者再帮助他把行为联结在一起，并在多种环境下与其他成人及同龄人一起训练。最后，干预者应该详细制订接下来的训练计划，并在之后的几天、几个星期甚至几个月里，帮助马克周期性地进行练习。

马克的干预者发现，他在互动时的兴趣与其他的儿童不同，表现最突出的是，他喜欢在游戏获胜时收集可以贴在行为表上的星星，这些星星可以用来获得画画的工具和额外的画画时间。马克的教育干预者为他设计了一个计划，教他学会听取指令或发起社会行为的信号，这不仅仅在教室进行，广泛来说，要在整个学校的环境中进行。首先，干预者可以把期望出现的行为分解为以下步骤：

· 注意语言上的 4 个词汇信号（来自老师或同龄人）："马

克。""请听！""请注意。""看这里。"

·调整他的身体以面对说话者。

·与说话者对视，注意看其眼睛。

针对第一个步骤，根据马克的情况，干预者提出了适合他的方案：马克与其他同龄人一起进行一个游戏，当4个词汇信号（儿童的名字、请听、请注意、看这里）出现时，谁能找出词汇的发声者即可获得奖励。儿童们每天都玩这个游戏，比赛看谁能对声音线索反应最快。老师告诉儿童将在一天中不同时段玩这个游戏，每次获胜的儿童都会赢得一个标记，第一个获得完整图案的儿童可以赢得画画的时间。游戏持续数周，老师们会保持游戏的乐趣，提示儿童关于时间和地点的各种线索，同时加大奖励力度。干预者确保马克在参与游戏时，不断获得奖品同时保持参与的动机。在这样的情况下，干预者应该强化马克听到他名字或其他言语信号时的反应。

接下来，干预者让儿童们整天在不同情境下玩游戏，以适应不同的环境，同时，游戏不断地在各种情境下进行，直到所有儿童包括马克都反应正确获得奖励。如果出现马克表现出对游戏兴趣减少或反应时间变长的情况，干预者需要调整游戏规则以吸引其把兴趣重新集中在游戏上。随着他对成人的信号作出越来越熟练的反应，干预者就应该对游戏进行调整，加入同龄人信号，以促进其反应的强化。几个月之后，马克与他的同学适应了语言信号，为了促进这一行为反应的迁移，马克的干预者会强调各种环境下训练的重要性。实际上，设置不同的奖励将会帮助马克及其同学在不同的环境中对不同的对象作出正确的反应。这一干预计划的难点在于，干预者必须要在学校环境下制订出明确清晰的计划。

正如上述例子所示，我们不能回避的事实是，在儿童的发展过程中，训练的环境、对象及情境是复杂的，同时训练也是耗时的，这可能也是"训练与希望"计划耗时长的原因。然而，除非从干预一开始就包括行为迁移计划，否则仅学习新的社会行为并不会使儿童真正得到社会性发展。

# 第 8 章

# 测量干预进展

不得不承认，自闭症谱系障碍儿童在发展新的社会行为和社会能力方面的进步是难以测量的。我们已经进行了很多尝试，但是进展缓慢。之所以会这样，部分原因在于社会能力的结构非常复杂（Koenig et al, 2009）。虽然我们能够对儿童的认知功能、语言功能和适应功能进行标准化测量，但是一般这些标准值都来源于正常发育的儿童，很少会有例外。因此，我们缺乏合适的方法，来测量自闭症谱系障碍儿童随着时间在社会行为和功能上的进步。此外，社会性发展和社会行为是存在于特别的背景和文化之中的，这使得其更难以被训练或被测量。一个 15 岁女孩的行为，在某一文化中被看作正常的，在另一文化中可能完全就是异常的。所以，如果儿童的干预团队能够懂得一些基础的测量知识，他们就更有可能为特定的儿童或特定的社会性困难设计精确的量表。

## 测量的原则

在整本书中，我们都在讨论如何测量儿童从简单到复杂的各种行为。因本章篇幅有限，我们不可能向读者介绍设计一个精确量表的详尽方法。但是，学习一些相关的基本原则能够帮助我们理解标准化测量，并帮助我们评估将要设计和使用的量表。

### 效度

效度，即测量某行为所用的方法确实能够测量到该行为。这好像是个很显而易见的问题，但实际上它比看上去要复杂得多。当我们为儿童设计社会性目标时，所得到的结果既有些抽象却又不抽象。举个例子来说，我们可以测量到一名儿童在课间休息时与同龄人交谈的次数，但是很难测量到这名儿童是否交到了一个朋友。正如第 3 章中所述，在讨论个别化教育计划的目标时，在休息时间与其他儿童交谈是否属于友谊的一个组成部分呢？那么，在测量社会性发展和最终的社会成功方面，我们到底能做到什么程度？

让我们通过一个具体的例子来了解为什么说测量只具备有限的效度。假设学校团队希望一名六年级女孩能够在使用体育馆前后，管理好自己在更衣室的行为，这项社交技能涉及很多潜在的行为规则。例如，我们要训练女孩把东西放在自己的区域，区分好干净的衣服和脏衣服，有礼貌地与其他女孩相处，不评价其他女孩的衣服或身体，轮流使用水槽，快速使用更衣室以保证其他学生也能有时间使用。这名儿童在这一方面做得不是很好，曾经激怒过其他学生，辅导员一直在试图解决这一问题。另外，体育馆活动结束后，这名儿童大概要花 25 分钟更衣，但是他们在下一节课之前只有 10 分钟时间用于更衣，这也是训练的一个重点。辅导员决定在训练过程中检查这个女孩在如下两方面的表现：在使用体育馆前后，检查女孩的背包以确保东西都在；为她的更衣过程计时。检查每隔一天实施一次。女孩看起来表现得不错，在使用体育馆前后几乎所有东西都在包里，更衣时间也从 25 分钟缩短到了 15 分钟。就现状来说，这些测量方法是合理的，但是它们不能涵盖我们所训练的社会行为的所有特征。例如，有些人会认为对其他女孩有礼貌、轮流使用水槽、保持东西在自己的区域内，比更衣时间更具社会性意义。这些测量可以说是有效度的，但并不能精确测量到我们想要测量的东西，即这名儿童是否能够达到我们所制定的社会性目标——顺利完成体育课，也就是在体育课上能够以其他儿童可接受的方式活动。

**信度**

信度，即采用某一测量方法对同一对象重复测量时，所

得结果的一致性程度。也就是说，当我们反复进行测量时，能
够得到跟之前一样的结果。如何在学校和家庭环境中提高信度
呢？我们需要保证所有使用测验的人都明确知道使用和记分方
法。例如，如果我们想要测量一名 5 岁儿童对他的同学表现出
攻击性的次数，团队所有成员就需要在"攻击行为的组成"这
一问题上达成一致意见。攻击行为是否只包括碰撞和掐人？在
队伍中偶尔的推搡算不算？还是也包括与其他儿童距离过近？
如果测量结果要广泛地反映不同攻击行为的等级，我们就要明
确每个使用测验的人都能了解它们的具体含义。此外还要注意
的是，可能某个量表已经十分可靠了，但是儿童的行为会基于
其他因素而变化。无论如何，我们有必要考虑到所有的可能性。

我们还需要考虑另外一个问题，即当我们测量儿童每天的
行为时，我们对儿童抱有什么样的期望。我们应该思考，自己
在日常生活中也会忘记一些事，也可能出一些差错，或是犯一
些微不足道的错误。因此，有时孩子的父母和学校团队会希望
儿童在某一技能上有完美的表现，这其实是不现实的。

## 自闭症谱系障碍的测量工具

目前，研究者已经开发出了很多优秀的等级量表和观察

测验，来测量自闭症谱系障碍儿童在某一指定时刻的社会行为，这些量表都是基于诊断目的而使用的，但是我们尚不确定它们能否用于测量儿童在接受治疗后产生的微小进步。有研究者使用两种工具进行试验，来测量干预的效果，这两种工具可以对儿童作出诊断上的区分，分别为社会反应量表（Social Responsiveness Scale, Constantino & Gruber, 2005）和自闭症诊断观察量表（Autism Diagnostic Observation Schedule, Lord, Rutter, Lavore & Risi, 1999）。社会反应量表包含 65 个项目，由父母通过 4 点量表评价儿童的各种行为，等级从"并不如此"到"几乎总是如此"，这一量表能够十分有效地区分出儿童是否患有自闭症谱系障碍。

自闭症诊断观察量表属于一种观察和访谈量表，由一名接受过训练的访谈者参与儿童的游戏和谈话，目的是评定其在各种社会压力下的行为（Lord et al, 1999）。访谈者通过 3 点量表评定儿童对这些半结构化社会压力的反应，并通过经验主义的法则来进行诊断。量表作者明确表示，该量表的测量结果能够为自闭症谱系障碍的诊断提供支持，但是最终判断还要依靠临床决策。这一点十分关键，因为如果该量表的实施者是一位缺少自闭症谱系障碍相关知识的医师的话，就不太可能得出有效的测量结果。

　　使用这两个量表来测量儿童在干预后的行为改变，尚处于测量的早期阶段。这些工具存在一个很大的局限，即它们通过3点或4点量表来进行评定，这样不足以把测量延伸到那些循序渐进却很重要的变化上。另外，这些量表在两次实施间需要有足够的时间间隔，这使得它们不能用于测量较短时间间隔内（如6到8周）的干预效果。

　　现在，有一些标准化工具可以用于测量广泛的社交技能，但它们是为正常发育的儿童和有其他行为问题的儿童设计的，如注意力缺陷/多动障碍、对立违抗性障碍或害羞气质的儿童。问题在于，与自闭症谱系障碍有关的反常行为，可能与一些有其他困难的儿童的行为类似，但实际上其问题的根源完全不同。当我们以干预和测量的视角看待某一行为时，我们需要考虑该行为的功能，而不只是其形式（Powers, 2005）。如果一种工具是为特定人群而设计的，那么，使用它们来测量另一群体的社会行为是有风险的，即使这一工具很可靠，我们也不能确定其得分或结果对于我们的测量目的是有效的。这一工具也许能很精确地记录行为，但是信息可能会令人产生误解。再次强调，自闭症谱系障碍个体的社会性损伤根源与其他儿童期精神障碍个体的社会性损伤根源并不相同。如果干预者不能理解这一点，就不太可能制订出合适的干预计划。

　　我们推断，干预者在为自闭症谱系障碍儿童设计测量方法时，通常都希望儿童能在特定的能力和社会行为上表现出一贯的进步。如第 3 章所述，文兰适应行为量表（第二版，Sparrow et al, 2005）和广泛性发育障碍行为量表（PDD-BI; Cohen & Sudhalter, 2005）可能适合于测量长期的进展。但是，不能每周使用它们实施测量。由于总分代表了儿童的广泛性成长，所以在实施测验时需要足够的时间间隔。使用文兰适应行为量表时，需要间隔大概 6 个月才能进行再测。将广泛性发育障碍行为量表用于非常小的儿童时，由于儿童成长得非常快，我们可以每 3 个月施测一次。而对于年龄稍大一些的儿童，这一间隔最好增加为 6 到 12 个月（I. Cohen, personal communication, 2001）。

　　在对特定的儿童进行干预时，我们需要使用一些精确的测量方法。学校团队可以根据他们所使用的个别化教育计划的形式以及所希望测量的个别项目，来设计自己的测量系统。个别化教育计划通常要求干预者对行为目标的评估做出记录，并且提供大量评估干预进展的可能方法。由某个学区所设计的个别化教育计划，可能会规定评估步骤要包括以下几点：

　　·标准参照评价或课程本位评价；

　　·标准化评估；

·基线数据与干预后数据的对比；

·行为或表现评定量表；

·学生自我评价；

·量化评分，以表现出某种行为所占的时间百分比作为测量指标。

　　显然，有许多方法能够评估学生的表现，但是其中又有多少方法能够合理、全面地测量社会行为和儿童所提高的社会能力呢？这基本取决于我们能否精确地描述哪些行为是我们希望儿童学习的，然后制作一个测量工具来解决核心的社会问题。

　　进一步来说，团队所采用的测量系统必须是现实可行的。它必须能够简单地应用于家庭、学校和其他环境中，并能够提供定量信息和定性信息。定量信息是确定的数据，包括行为的潜伏（延迟的时间）、行为的频率和持续时间、某种行为两次出现之间的间隔时间、行为顺序的示意图等。行为的顺序可以告诉我们儿童一项接一项的行为表现的速度和频率。所有能以这种形式进行合理统计的信息，都可以帮助我们总体评估干预进展。

　　定性信息对于评估干预进展也十分重要。也就是说，我们同样要考虑一些印象、观点、意见分歧、趣事以及对特定情况下所发生事件的演示等。虽然一些人认为，比起定量数据，定性数据在测量中处于次要位置，但实际上并非如此。如果定性信息来自于一些从事特殊儿童工作的有经验的成年人，或者一些与特殊儿童一起活动的社会性较强的儿童，那么这些背景信息可能不会在我们关注儿童的具体行为细节时即刻体现出来。我们必须把定量信息和定性信息认真地整合在一起，这样才能获得最佳质量的数据，以评估干预进展，修正治疗方法。《残疾人教育改善法》规定，学校要使用多种方法测量儿童的表现，这是合格的特殊教育服务的标准，这一原则可以推广到对干预反应的测量上。

本质上，干预团队的成员必须要设计出适合儿童及其特定行为的测量策略，并从实际出发确定评估这些信息的时间间隔。比起商业用途的量表，由干预团队所开发出的测量方法也许能为我们提供更精确、更详细的信息。在干预过程中，团队中的每一位成员都应该有所投入，思考在自己所工作的环境里是否有办法真正地测量出儿童的行为。体育老师、学校图书馆管理员、数学课助教或餐厅管理员的工作方式都是完全不同的。每个人都必须加入到测量的实施过程中，并根据自己将要工作的环境作出讨论和调整。在家庭环境中也是如此。期待父母在一天中每隔 15 分钟记录一次儿童的行为是不可行的。总之，我们应该使用多种测量方法来评估儿童的进步，这是帮助我们全面了解儿童的功能的最佳方式。

## 直接观察

当我们想确定儿童是否具备某项技能或习得了某项新的行为时，直接观察是一个很好的方法。在直接观察时，判断一个行为存在或不存在的标准必须非常清晰，所有观察者和评价者都不能隐瞒自己的偏见。如果你是从事儿童工作的团队成员之一，那么你几乎不可能不对儿童的行为带有任何偏见。在研究中，因为观察者和评价者经常被隔离于干预状况之外，所以他们只是评价行为，并不知道这个儿童是属于干预组（接受治疗）还是控制组（不接受治疗）。但在学校或者社区环境中，这种"盲评"基本上是不可能实现的，家长和专家都知道干预正在实施。但是，直接观察还是非常实用的，它可以帮助我们理解儿童是否能够较好地适应与同龄人的交往、在同辈团体中大家一般如何进行互动以及同龄人如何与自闭症谱系障碍儿童互动。如第一章所述，在儿童的团体或小圈子里，对于哪些是可以接受的行为，他们有着自己不言自明的规矩，学校团队作为知情者，要知道发生了什么及如何解释儿童在特定情境中的社会互动。

# 法律问题

特别需要注意的是，与干预进展的精确测量和文件材料有关的一些问题，在某种情况下可能会成为法律程序的一部分。尽管家庭和各个学区都不希望为了争论治疗效果而闹到这个地步，这种事件还是时有发生。显然，测量方法必须具有良好的理论框架，并且要正确地按照程序执行，我们的主要目的是促进对儿童的治疗效果，当然也要遵守《残疾人教育改善法》对相关文件材料的法律要求。《残疾人教育改善法》规定，如果希望评估不仅在干预初期是合适的，还能在后期有效测量干预进展，那么这样的评估应该包含"各种各样的评价工具和策略，以收集相关的功能、发展和学业信息"，还规定地方教育机构"不能以任何单一的测量或评价方法作为唯一标准……来决定适合于儿童的教育安置措施"[20 U.S.C. §1414 (b)(2) (A) (B)]。再次强调，这一标准相当重要，我们应该将其作为确认干预进展时的指导方针。我们不能只依靠一种评价工具或观察方法来获得儿童行为和进步的全面信息。实际上，最有效的评价工具能够为我们提供相关信息，使我们了解妨碍儿童进步的可能原因，这样一来，团队就能够及时调整课程以处理相关问题。

## 什么是成功?

最后，包括学校专业人士、社区专业人士和家庭在内的干预团队，应该思考对于一名特殊儿童来说，什么样的社会成功才是真正有意义的。对许多儿童来说，他们需要的仅仅是结交一个真正的朋友，一起做些事情，能够信赖对方，这样的社会关系会使他们感到心满意足。我们希望儿童能够体验到友谊所带来的温暖和情感的联系，因为这可以使儿童充满自信、安全感和成长的勇气。有时，对于成功到底是什么这一问题，家庭必须要适当降低期待。我们曾经见到，一些家庭会把成功定义为"在同龄人中很受欢迎"或"在运动或其他课余活动中成为领导者"，但这对自闭症谱系障碍儿童来说，基本是不可能实现的目标。在这种情况下，我们必须要考虑，到底应该以什么样的标准来确认儿童的社会成功，这种成功是应该对儿童有意义还是对成年人有意义？有时，学校或社区专业人士可能需要帮助父母理解，什么样的目标是现实而有意义的。考虑到家庭对儿童的期待，这并不是一件容易的事情，家长和团队成员可能要经历一个过程，才会明白什么事是儿童能做到的，什么样的目标是他无法达成的。虽然我们作为干预者，在一开始都会对儿童有不同的设想，但是，本质上，自闭症谱系障碍儿童和青少年能够拥有令自己满足的、丰富而有意义的生活，并且能够保持充实的社会关系。

# 译后记

翻译完《自闭症谱系障碍儿童——针对性干预方案设计和社交技能训练》一书后，作为长期从事儿童自闭症研究和干预的心理学工作者，译者极力向广大读者推荐此书。本书的实用性、对理论的描述深入浅出的特点是我们推荐本书的主要理由。

本书不仅指出了自闭症谱系障碍儿童的社会性发展和社会功能损伤的实质，而且以此为基础系统地介绍了目前常用的干预方法和具体干预策略。从事特殊儿童相关工作的教育人士和家长可以参照本书的内容，获得操作性较强的训练指南。书中列举了丰富的案例，能够帮助读者更好地理解干预策略的实施过程和效果。

在自闭症谱系障碍儿童的干预工作中，一个重要问题是如何使自闭症儿童学会灵活地运用所学到的有意义的社会行为。本书将这一点作为重点，详细阐述了儿童行为的迁移过程。自闭症儿童心理干预的一个主要目标就是使儿童真正懂得如何"用"行为，而不只是单纯地"做"出行为。关于这一点，读者可以通过阅读本书学到较为实用的方法。

本书启示我们，自闭症谱系障碍儿童的干预工作并不是零散、独立的，而是一个系统的整体过程。干预者在工作中不能只关注儿童的问题行为，同样要考虑到儿童的学习概况、行为的可迁移性、策略的可行性和干预过程中可能出现的问题，进行针对性的方案设计。

由于自闭症儿童安置的特殊性，所以从事儿童干预的相关人员涉及面较为广泛，家庭干预与专业干预有机结合是取得良好干预效果的前提。本书所涉及的自闭症儿童的干预者，不仅来自学校、教育机构和社区，父母更是干预团队的主要成员。专业人士与父母之间的合作对于计划的制订、训练的执行和干预的效果都会产生重大影响。因此，整合是进行有效干预的关键，只有把干预的各个部分整合起来，整个团队同时有效地运作，才能使儿童的社交技能得到真正的发展。

本书参与翻译工作的成员均来自"北京林业大学彩虹宝贝特殊儿童干预中心"（简称彩虹宝贝）。"彩虹宝贝"是北京林业大学心理系面向以自闭症儿童为主的发展性障碍儿童所展开的一项社会公益项目，旨在为此类儿童提供专业的心理干预和康复训练。此项目始于2008年9月，在北京林业大学人文学院心理系教师雷秀雅教授的倡导下成立。"彩虹宝贝"干预团队由心理学专业硕士生和本科生组成。主要通过对广泛性发展障碍儿童进行心理干预等活动，达到提高儿童社会功能、促进儿童社会性发展的目标。"彩虹宝贝"同时为广泛性发展障碍儿童家长提供心理援助，排解家长的心理困惑。

在长期的自闭症谱系障碍儿童干预活动中，我们积累了大量的实践经验，将本书的理论成果和操作性步骤应用于实际的训练中，取得了一定的成效。本书具有较强的系统性和操作性，很多实证干预策略为我们提供了灵感，使我们在日常的干预活动中能够针对每位儿童独特的人格、情绪和行为特点，制订针对性较强的个体干预计划，同时优化自闭症谱系障碍儿童的团体心理辅导活动方案。我们会继续把本书的成果应用到实际的干预工作中，希望在本书的帮助下能够使更多儿童取得进步，使他们在生活中有更多的笑容。

本书的翻译成果是集体智慧的结晶。担当本书翻译工作的除主译雷秀雅和兰岚以外，李欣欣、蔡梅、车文婷、任丽红、李璐、陆秋婷、赵梓晴等也参与了部分翻译工作。

完成本书的翻译，作为同行我们向本书的作者表示敬意，敬仰他们辛勤的工作及所取得的丰硕成果。也向重庆大学出版社表示感谢，感谢他们为我国自闭症儿童心理干预带来这么好的技术。也借此向所有关心与投入到自闭症儿童成长事业中的人们表示感谢与敬仰，希望我们共同努力，为那些需要我们关爱的"彩虹宝贝"的康复作出贡献。

译　者

2014.6.30 于北京

# 鹿鸣心理（心理自助系列）书单

| 书　名 | 书　号 | 出版日期 | 定价 |
|---|---|---|---|
| 《聆听心声——成功女性的选择》 | ISBN:9787562444299 | 2008年4月 | 16元 |
| 《艺术地生活》 | ISBN:9787562443025 | 2008年5月 | 35元 |
| 《思维方程式》 | ISBN:9787562446750 | 2008年12月 | 18元 |
| 《卓越人生的8个因素》 | ISBN:9787562447733 | 2009年3月 | 36元 |
| 《家有顽童——孩子有了多动症怎么办》 | ISBN:9787562448266 | 2009年5月 | 18.5元 |
| 《疯狂》 | ISBN:9787562448600 | 2009年8月 | 29.8元 |
| 《找到自己的北极星》 | ISBN:9787562452355 | 2010年1月 | 39元 |
| 《思想与情感》 | ISBN:9787562452744 | 2010年5月 | 32元 |
| 《不羁的灵魂：超越自我的旅程》 | ISBN:9787562453628 | 2010年5月 | 25元 |
| 《创伤后应激障碍自助手册》 | ISBN:9787562459460 | 2010年5月 | 38元 |
| 《生命逝如斯——揭开自杀的谜题》 | ISBN:9787562459477 | 2011年7月 | 25元 |
| 《登天之梯：一个儿童心理咨询师的诊疗笔记》 | ISBN:9787562461692 | 2011年12月 | 27元 |
| 《良知泯灭：心理变态者的混沌世界》 | ISBN:9787562462941 | 2011年12月 | 25元 |
| 《摆脱桎梏：抑郁症康复的7步疗法》 | ISBN:9787562462514 | 2011年12月 | 38元 |
| 《癌症可以战胜——提升机体抗癌能力的身心灵方法》 | ISBN:9787562463979 | 2012年3月 | 21元 |
| 《我的躁郁人生》 | ISBN:9787562467427 | 2012年6月 | 29.8元 |
| 《大脑使用手册》 | ISBN:9787562467199 | 2012年7月 | 45元 |
| 《自我训练：改变焦虑和抑郁的习惯》 | ISBN:9787562470151 | 2012年10月 | 36元 |
| 《改变自己：心理健康自我训练》 | ISBN:9787562470144 | 2012年10月 | 32元 |
| 《梦境释义》 | ISBN:9787562472339 | 2013年3月 | 39元 |
| 《暴食症康复指南》 | ISBN:9787562473008 | 2013年5月 | 45元 |
| 《厌食症康复指南》 | ISBN:9787562473886 | 2013年7月 | 39元 |
| 《抑郁症：写给患者及家人的指导书》 | ISBN:9787562473220 | 2013年7月 | 20元 |
| 《双相情感障碍：你和你家人需要知道的》 | ISBN:9787562476535 | 2013年9月 | 56元 |
| 《羞涩与社交焦虑》 | ISBN:9787562476504 | 2013年9月 | 38元 |
| 《洗脑心理学》 | ISBN:9787562472223 | 2013年10月 | 46元 |
| 《学会接受你自己：全新的接受与实现疗法》 | ISBN:9787562476443 | 2013年12月 | 45元 |
| 《辩证行为疗法：掌握正念、改善人际效能、调节情绪和承受痛苦的技巧》 | ISBN:9787562476429 | 2013年12月 | 38元 |
| 《关灯就睡觉：这样治疗失眠更有效》 | ISBN:9787562482741 | 2014年8月 | 32元 |
| 《心理医生为什么没有告诉我》 | ISBN:9787562482741 | 2014年9月 | 76元 |
| 《强迫症：你和你家人需要知道的》 | ISBN:9787562476528 | 2014年9月 | 56元 |
| 《远离焦虑》 | ISBN:9787562476511 | 2015年1月 | 52元 |
| 《神奇的NLP：改变人生的非凡体验》 | ISBN:9787562482291 | 2015年6月 | 39元 |
| 《自闭症谱系障碍》 | ISBN:9787562490289 | 2015年6月 | 52元 |

请关注鹿鸣心理新浪微博：http://weibo.com/555wang，及时了解我们的出版动态，@鹿鸣心理。

图书在版编目（CIP）数据

自闭症谱系障碍：针对性干预方案设计和社交技能
训练／（美）凯尼格（Koenig, K.）著；雷秀雅，兰岚译
.—重庆：重庆大学出版社，2015.6（2019.1重印）
（心理自助系列）
书名原文：Practical Social Skills for Autism Spectrum
Disorders: Designing Child–Specific Interventions
ISBN 978–7–5624–9028–9

Ⅰ.①自… Ⅱ.①凯… ②雷… ③兰… Ⅲ.
①缄默症—儿童教育—特殊教育 Ⅳ.①G76

中国版本图书馆CIP数据核字（2015）第093042号

自闭症谱系障碍
——针对性干预方案设计和社交技能训练
**ZIBIZHENG PUXI ZHANGAI**
——ZHENDUIXING GANYU FANGAN SHEJI HE SHEJIAO JINENG XUNLIAN

凯瑟琳·凯尼格（Kathleen Koenig） 著
雷秀雅 兰 岚 译

策划编辑：王 斌 敬 京
责任编辑：杨 敬 许红梅
责任校对：邹 忌

重庆大学出版社出版发行
出版人：易树平
社址：（401331）重庆市沙坪坝区大学城西路21号
网址：http://www.cqup.com.cn
重庆市国丰印务有限责任公司印刷

开本：710mm×1000mm 1/16 印张：17 字数：147千
2015年6月第1版 2019年1月第2次印刷
ISBN 978–7–5624–9028–9 定价：52.00 元

Practical Social Skills For Autism Spectrum Disorders:

Designing Child–Specific Interventions

by Kathleen Koenig and Foreword by Fred R.Volkmar

as a publication of  W.W.Norton & Company.

This translation cannot be republished or reproduced

by any third party in any form without express

written permission of  W.W.Norton & Company.

版贸核渝字（2013）第282号